한 걸음, 쉬어가는 길

101 Really Important Things You Already Know, But Keep Forgetting

Korean translation copyright ⓒ 2013 Chung-A Publishing.
This Korean Edition Published by arragement with Ernie Zelinski, CANADA
through Yu Ri Jang Literary Agency, Korea.

이 책의 한국어판 저작권은 유리장 에이전시를 통해 저작권자와 독점 계약한
청아출판사에 있습니다. 신 저작권법에 의해 한국 내에서 보호를 받는 저작물이므로
무단 전재와 무단 복제를 금합니다.

한 걸음,
쉬어가는
길

E. 젤린스키 지음
홍연미 옮김

청아출판사

차례

1 지나친 친절은 호된 대가를 치를 수 있다 · 9
2 행복한 것과 올바른 것, 어느 것을 선택하겠는가 · 14
3 성공에 대한 자신만의 정의를 세워라 · 21
4 다른 사람의 성공을 헐뜯지 마라 · 26
5 과거를 바꾸려고 애쓰는 건 이제 그만 · 33
6 당신이 경험하는 모든 것은 지금이다 · 38
7 부정적인 경험들은 뜻밖의 선물로 찾아온다 · 45
8 잘 사는 것이야말로 최고의 복수다 · 50

9 행복해지고 싶은가? 당장 텔레비전을 치워라 · 57

10 문제의 가장 큰 원인은 바로 당신이다 · 63

11 많이 소유할수록 더 많은 문제가 생긴다 · 68

12 지금 당장 인생을 바꾸는 법 · 74

13 문제의 크기는 인식에 달려 있다 · 79

14 문제를 제대로 파악하면 이미 반은 해결한 것이다 · 85

15 당신에게 충고할 수 있는 사람은 당신뿐이다 · 91

16 열정적으로 춤추고, 등산하고, 토론하라 · 96

17 자연과의 교감이 최고의 명약이다 · 103

18 건강하고 멋진 몸이 부럽다면 움직여라 · 109

19 마음에도 운동이 필요하다 · 114

20 삶은 공평하지 않다, 앞으로도 그럴 것이다 · 121

21 기적은 존재하지 않는다 · 126

22 세상은 당신에게 안락한 삶을 제공할 의무가 없다 · 132

23 좋은 일은 끊임없이 찾아나서는 자의 몫이다 · 139

24 긍정적인 생각 vs 긍정적인 척 · 145

25 목적지가 아닌 곳으로 달려가고 있지는 않은가? · 150

26 구하라, 그러면 얻을 것이다 · 157

27 기대가 적을수록 행복해진다 · 163

28 자신이 가진 것을 원하면 언제든 원하는 것을 얻을 수 있다 · 169

29 당신은 이미 백만장자다 · 174

30 빨리 달리는 자는 넘어지게 마련이다 · 181

31 기회는 계속해서 문을 두드린다 · 187

32 성공률을 두 배로 높이려면 실패율을 두 배로 높이면 된다 · 193

33 타협에는 호된 대가가 따른다 · 199

34 돈 없이도 멋지게 살 수 있다 · 205

35 더 많은 돈이 더 많은 행복을 가져다주지는 않는다 · 212

36 돈이 없다고 가난한 것은 아니다 · 221

37 우리는 원하지도 않는 물건을 사기 위해 일하고 있다 · 226

38 헤어스타일을 바꾸기보다 자기계발에 투자하라 · 233

39 돈을 소유하려면 헤어지는 법도 배워야 한다 · 239

40 얼굴을 볼 시간조차 없다면 가족이 무슨 의미가 있을까? · 244

41 창의성은 열심히 일하는 것을 뛰어넘는다 · 251

42 필요한 만큼만 일하라 · 257

43 완벽함은 사회부적응자들의 몫으로 남겨 두라 · 262

44 모든 일을 잘할 필요는 없다 · 268

45 남들과 똑같아지면 결국 아무도 아닌 것이다 · 275

46 남들과 다르려고 기꺼이 노력하라 · 281

47 당신의 내면에 당신이 찾아 헤매던 천국이 있다 · 287

48 누군가는 내가 가진 것을 보고 부러워할 것이다 · 292

49 만족할 준비가 된 사람만이 삶에 만족할 수 있다 · 298

50 명성과 부가 가져다주는 건 생각보다 적다 · 305

51 살아 있을 때 행복하자, 죽어 있을 시간은 아주 길다 · 310

1
지나친 친절은 호된 대가를 치를 수 있다

몇 년 전에 한 여성이 앤 랜더스에게 쓴 편지에서, 뭔가를 빌려가서 절대로 돌려주는 법이 없는 시어머니를 어떻게 대해야 할지 충고해 달라고 한 적이 있다. 이 걱정 많은 여성은 시어머니―그것만 빼면 '더할 나위 없이 좋은 분'인―와 관계가 깨질까 봐 그에 대한 말을 하기가 꺼려진다고 했다. 앤 랜더스는 아주 적절하게 다음과 같은 충고를 해 주었다. "당신의 등에 붙은 스파게티를 척추뼈로 바꾸지 않는 한 그 문제는 평생을 두고 계속될 거예요."

이 사연의 교훈은 이렇다. 친절하게 구는 데는 비용이 많이 들지 않지만 지나치게 친절하게 굴다가는 호된 대가를 치를 수 있다는 것이다. 앤 랜더스에게 편지를 쓴 여성과 마찬가지로 수많은 사람들은 누군가에게 인정받기 위해 지나치게 친절하게 굴다가 스스로를 감정의 소용돌이로 몰아넣곤 한다. 남의 마음을 상하게 하지는 않을까, 혹시 남에게 거절당하지는 않을까 두려워한다. 그러나 때로는 너무 많은 것을 기대하는 상대에게 친절 대신 따끔한 한마디를 해 주는 편이 훨씬 낫다.

물론 누구나 친절의 함정에 빠지곤 한다. 그러나 친절함으로 인정받으려는 욕구가 자신의 성공이나 행복을 훼방하도록 놔둬서는 안 된다. 영국 배우 로빈 챈들러는 말했다. "착하게 구는 병은 알코올 중독보다 더 많은 생명을 불구로 만든다. 착한 사람은 안 된다고 말하기를 두려워하고, 남들이 자기를 어떻게 생각할지를 끊임없이 고민하며, 남을 기쁘게 하기 위해 자신의 행동을 끝없이 남에게 맞춰 나간다. 결국 자기가 원하는 것에는 도달하지 못한 채로."

유연하고 융통성 있으며 호의를 베푸는 것이 소중한 인성임에는 틀림없다. 그렇다고 해서 친구나 지인이 일, 가족, 여자친구, 혹은 무례하기 짝이 없는 손님에 대해 몇 시간씩 불평을 늘어놓는 것을 참고 들어줄 필요는 없다. 듣고 싶지 않으면 듣고 싶지 않다고 이야기하기를. 그러지 않으면 당신이 다른 곳에 소중하게 쓸 수 있는 시간과 에너지를 낭비하게 된다.

가끔은 누군가에게 시간을 너그럽게 쓸 수 있지만, 그런 관대함이 지속되다 보면 관대함을 끝없이 요구하는 사람들이 생기게 마련이다. 작가인 하비 맥케이가 지적한 내용에 귀 기울여 보자. "산타클로스가 되고 싶다고? 그렇다면 당신의 썰매는 트레일러 정도는 끌 수 있어야 할 것이다." 베풀수록 도리어 더 많은 것을 당당히 요구하는 사람들이 많다.

'아니오'라고 말하고 싶을 때 '예'라고 대답하면서 친절을 베풀다 보면 장기적으로는 고통이 뒤따를 수밖에 없다. 지나치게 호인처럼 굴면 누군가는 당신에게서 얼마나 많은 호의를 얻어 낼 수 있는지 시

험이라도 하듯 당신을 이용하려 들 것이다. 상대가 친구라는 이유로 '예'라고 말할 의무는 없다. 그들이 당신의 친절을 이용하려 든다면 당신이 그들만을 위해서 존재하는 것이 아니라는 점을 확실하게 알려 주어야 한다.

진정으로 '예'나 '아니오'라고 말할 수 있는 능력은 당신의 인성을 규정한다. 상대가 고마워하리라는 기대감으로 억지로 동의하지는 말자. 자신의 행복이나 안위를 희생하면서까지 다른 누군가의 욕구를 만족시키는 데 시간이나 에너지, 돈을 낭비할 일이 아니다. 그랬다가는 '예'라고 말한 것에 대해 자신과 상대에게 회한을 품고 말 것이다.

모든 사람에게 친절해야 한다는 강박 관념은 당장 내다 버려야 한다. 모든 사람에게 친절하게 대하면 자신을 지나치게 내주게 되어 스스로는 아무것도 아니게 될 뿐이다. 어리석은 의지에 맞추느라 기꺼이 위험을 감수하거나 희생을 한다면 결국 호된 대가를 치르게 된다.

다행히 모든 사람에게 친절하거나 관대해야 한다는 의무―도덕적이든 법적이든 그 어떤 것이든―는 존재하지 않는다. 받을 자격이 있는 사람에게, 받을 자격이 있을 때에만 친절하고 선하게 굴면 된다. 모든 사람이 언제나 선한 기분으로 당신을 받아들일 의무 또한 없다는 점을 기억해 두기를. 당신의 기분이 허락하는 대로 유연하게 굴되, 당신의 동료나 친구, 친척이라는 이유만으로 그 사람에게 굽실거릴 필요는 없다. 모든 사람을 기쁘게 하고 싶은가, 아니면 삶의 행복이나 만족을 느끼면서 스스로를 기쁘게 하고 싶은가?

2
행복한 것과 올바른 것, 어느 것을 선택하겠는가

몇 해 동안 나는 세계적인 베스트셀러가 된 《일하지 않는 것의 즐거움》을 읽은 독자들에게 수백 통의 편지를 받았다. 그 편지들은 딱 다섯 통을 빼고는 모두 긍정적인 내용으로 가득했다. 부정적인 다섯 통 가운데에서 얼마 전 오타와에서 한 남자가 보낸 편지는 극도로 비판적이었다. 그는 일은 적게 하면서 삶을 즐기라고 부추기는 책을 썼다며 나를 몹시 힐난했다. 그 편지는 이런 말로 끝을 맺었다. "당신은 나쁜 놈이야. 당신 같은 사람은 감옥에 처넣어야 해."

나는 한 시간 가량 그 남자가 쓴 내용을 조목조목 짚어 해명하는, 나로서는 예외적인 반박 편지를 썼다. 나는 내 책이 지극히 정당하며 당신이 모든 점에서 전적으로 틀렸다는 내용을 적었다. 그러나 결국 나는 반박 편지를 보내지 않기로 마음먹었다.

우선 나는 내 자아가 내 책을 옹호하도록 만든다는 것을 깨달았다. 만족한 독자들에게 수백 통의 긍정적인 편지를 받았는데 내 스스로 가치 있는 책을 썼다고 굳이 증명하려 애쓸 필요가 뭐가 있겠는가. 게다가 내가 반박의 글을 보낸다고 한들 오타와의 독자가 생각을 바꿀 가능성도 거의 없을 텐데 말이다. 더군다나 그 사람은 내 편지를 가지고 더 큰 문제를 일으키고도 남을 별종으로 보였다. 어쩌면 답신으로 폭탄이 든 편지

를 보낼 수도 있는 일이었다. 정당성을 입증하겠다고 펄펄 뛰어 봐야 별 이득이 없어 보였다. 어쨌든 나는 옳은 일을 해서 죽고 싶은 생각은 눈곱만큼도 없었다!

자, 솔직해지자. 우리 모두는 다른 사람들이 잘못되었고 내가 올바르다는 것을 증명해 보이려고 안달이 나 있다. 짙은 구름 속에 한줄기 빛이라도 보이면 우리는 우정이나 돈, 만족감, 행복, 심지어는 생존의 측면에서 엄청난 대가를 치르더라도 자신이 올바르다는 것을 증명하려고 안간힘을 쓴다. 예를 들어 오래전에 벌어진 사소한 말다툼으로 인해 몇 년이 지나도록 말조차 섞지 않는 가족도 있다. 양측이 저마다 자신이 옳다고 생각하는 한, 아무도 손을 뻗어 상황을 해결할 만한 특별한 노력을 기울이지 않는다.

올바른 것이 남들의 인정을 받는 것임은 틀림이 없다. 그럼에도 심각한 단점이 존재한다. 마음은 언제나 자신이 올바르기를 바라는 방향으로 기능하기 때문이다. 마음은—잘못된 실수라 하더라도—자신의 아이디어와 견해, 믿음을 고수한다. 자신의 올바름을 증명하여 다른 이들을 잘못으로 만드는 것은 어느덧 게임이 된다. 마음은 자기가 지휘하기를 바라고 남의 지휘는 거부한다. 그렇기 때문에 그토록 오랜 시간을 들여 남을 부정하고 자신을 정당화하기 위해 애쓰는 것이다.

자아는 올바르고자 하는 욕구에 큰 역할을 한다. 그 함정에 사로잡히지 않으려면 자신의 자아를 제대로 다루어야 한다. 그렇다고 해서 자아를 철저히 배제하라는 얘기가 아니다. 자아를 철저하게 배제하려고 애쓰는 것은 도리어 가장 큰 자아의 함정에 빠지는 격이 될 수 있다. 당신은 언제나 자아를 갖고 있다. 자신의 자아를 조절해야 한다. 자아가 당신을 움직이게 놔둔다면 당신의 마음은 비이성적인 행동을 합리화하기 위해 극단으로 나아갈 수도 있다.

다른 사람의 잘못을 지적하고 자신이 올바르다고 주장하는 것은 자존감을 높이는 방법이 아니다. 자존감이 높다면 굳이 그러려고 애쓸 필요도 없다. 또한 그런 식의 행동은 남의 존중을 받기도 어렵다. 그러니 언제나 자기가 맞다고 우기지 말기를. 특히 외톨이가 되는 걸 두려워한다면 말이다!

당신이 정말로 옳다 하더라도 다른 사람의 잘못을 입증하려고 안간힘을 쓸 필요는 없다. 올바름을 입증하는 데는 엄청난 시간과 에너지가 들게 마련이다. 당신이 모든 사람의 의견에 동의할 수 없듯이 모두가 당신의 의견에 동의할 수는 없다. 당신의 입장이 행복보다 더 우위에 설 일은 아니다. 스스로에게 자신감이 있다면 그것을 옹호하는 데 에너지를 낭비하지 않아야 마땅하다.

언제나 자신이 옳아야 한다는 식의 태도는 설령 당신이 이겼다고 생각할지라도 실제는 그렇지 않다는 데 문제가 있다. 옳다는 결론을 내릴 수 있을지 몰라도 삶 전반에 걸쳐 상당한 대가를 치를 수 있기 때문이다. 저명한 영적 훈련 프로그램인 '기적의 강좌'는 중요한 질문을 던진다. "당신은 올바른 것과 행복한 것 중 어느 것을 선택하시겠습니까?" 결론적으로 어떤 대가를 치르더라도 올바른 행동을 하는 것은 아무 대가도 없이 죽은 영웅이 되는 것과 마찬가지이다.

3
성공에 대한 자신만의 정의를 세워라

성공을 향한 창조적인 지름길이 무엇인지 알아야 한다. 사람들이 저지르는 가장 심각한 실수는 자신만의 방식으로 성공을 정의하지 못하는 것이다. 그러나 성공을 정의하는 방법에 따라 당신은 스스로를 성공한 사람으로 만들거나 그렇지 못한 사람으로 만들 수 있다.

우리는 빠르게 변화하고 극도로 물질화된 현대 사회에서 돈을 너무 중요하게 여기는 탓에 진정한 성공을 거두지 못한다. 광고, 미디어, 헤드헌터뿐만 아니라 전반적인 사회가 돈과 돈이 살 수 있는 것들에 엄청난 가치를 부여하고 있다. 그렇기 때문에 돈은 그 자체로 성공과 직결된다. 누구나 권력과 지위, SUV, 넓은 집, 이국적인 휴가, 최신 유행의 옷을 사기 위해 돈 잘 버는 직업을 얻으려 안간힘을 쓴다. 그러한 요소를 두루 갖추어야 성공적이고 충만하고 행복한 기분을 맛볼 수 있다고 여기는 것이다.

그러나 이런 관습적인 성공의 전유물을 손에 넣는다고 해도 문제는 사라지지 않는다. 여전히 만족스럽지 못하기 때문이다. 한동안은 만족스럽다며 스스로를 기만할 수 있으나, 시간이 지날수록 그것도 차츰 어려워진다.

만약 당신이 관습적인 성공을 지향했지만 이제껏 얻은 것들에서 행복이나 만족을 얻지 못한다면 성공에 대한 당신만의 정의를 새로 세우는 것이 현명하다. 성공을 정의할 때는 일반적인 범위를 벗어나 자신에게 진정한 행복이 무엇인지를 볼 수 있어야 한다. 수백만의 사람에게 질문을 던지면 틀림없이 수백만의 대답이 나올 것이다. 누구나 삶에서 획득하고 싶은 것에 대한 자신만의 독특한 생각을 갖고 있기 마련이니까.

그렇다면 당신에게 성공은 무엇인가? 건강, 행복, 남에게 의지하지 않아도 되는 재정 상태, 안정된 직업, 자유 같은 일반적인 요소들 외에 진정한 성공의 공식에 당신만의 어떤 특수한 재료를 더할 것인가? 부모나 광고, 사회가 당신의 머릿속에 주입한 요소여서는 안 된다.

성공에 대해 자신만의 정의를 내리고 싶다면 시간을 내어 자신에게 진정으로 중요한 것이 무엇인지 적어 보는 방법이 유용하다. 개인적인 성공의 정의를 갖고 있지 않다면 명확한 목표나 직업적 꿈을 가질 수 없다. 당신의 행복에 대한 정의는 다른 사람의 것과 유사할 수는 있겠지만 전적으로 똑같을 수는 없다.

그다음으로 자신의 행복에 가장 중요한 요소가 무엇인지 규정하는 것이 중요하다. 그리고 그에 따라 우선순위를 정해야 한다. 성공 공식의 요소를 정할 때는 합리적이어야 한다. 그 요소들이 얼마나 획득 가능한 것인가에 따라 당신이 얼마나 성공을 거두고 얼마나 성취감을 느낄 것인가가 결정되기 때문이다.

진정한 성공을 경험하는 데 가장 큰 장애물은 지나치게 큰 기대이다. 페라리를 모는 것과 저명한 사업가가 되는 것, 비교문학에서 박사학위를 따는 것, 20개 언어를 구사하는 것, 도널드 트럼프와 리처드 브랜슨의 친구가 되는 것, 사랑하는 가족을 갖는 것, 10권의 비즈니스 책을 저술하는 것, 몬테카를로의 집에서 휴가를 보낼 뿐만 아니라 24개짜리 방이 있

는 호화 맨션에 사는 것에 동등한 가치를 부여하면 곤란하다. 이러한 것을 모두 달성하겠다고 애쓰는 사람은 어디서든 철저한 패배자로 끝날 공산이 크다.

우리 모두는 성공이라 불리는 게임에서 승리를 거두고 싶어 한다. 자신만의 성공의 정의를 갖고 있다면 훨씬 쉽게 성공을 거두고 더욱 많은 것을 경험할 수 있을 것이다. 과도한 부채나 지나친 스트레스를 유발하는 소비 중심 사회의 함정에서도 벗어날 수 있다. 크리스토퍼 몰리가 말한 대로 "성공은 하나뿐이다. 바로 남들이 내뱉는 소리에 아랑곳하지 않고 자기 나름의 방식으로 삶을 보내는 것"이니까.

4
다른 사람의 성공을 헐뜯지 마라

수백만 달러의 로또에 당첨된 사람은 대단하게 여기면서 열심히 노력해서 부와 진정한 성공을 거둔 이는 우습게 여기는 사람이 많다는 것을 생각하면 흥미로우면서도 한편 씁쓸하기도 하다. 쥘 르나르는 이런 말로 적절하게 꼬집었다. "실패는 게으름에 대한 대가만이 아니다. 실패는 다른 모든 이들의 성공이기도 하다."

미국의 작곡가 어빙 벌린은 초창기 래그타임(빠른 박자로 당김음 효과를 강조한 흑인음악 양식 - 옮긴이)과 재즈 시대에서부터 뮤지컬의 황금기에 이르는 기간 동안 8백 곡이 넘는 팝송을 작곡해 대중음악의 진화를 선도한 인물이다. 어느 날 벌린은 콜 포터라는 젊은 작곡가에게 음악 산업에서 어떻게 하면 성공을 거둘 수 있을지를 조언했다. "내 충고를 잘 새겨듣게. 50만 장이 넘게 팔린 노래라면 뭐든 절대 싫어하지 말게나."

포터가 작곡가로서 크나큰 성공을 거둔 것을 보면 벌린의 충고를 진지하게 새겨들었음이 자명하다. 벌린이 포터에게 한 충고는 우리 모두에게 귀감이 된다. 다른 사람의 성공을 헐뜯는 대신 거기서 뭔가 가치 있는 것을 배우는 건 어떨까? 노래든 그림이든 컴퓨터 시스템이든 큰 성공을 거둔 것에 대해 찬탄을 보내고 축복해야 마땅하다. 무엇보다 상품이든 서비스든 이 세상에 뭔가를 팔려는 생각을 하고 있다면 성공한 사

례의 긍정적인 측면을 차용할 수 있도록 배울 자세가 되어 있어야 한다.

성공한 사람에게서는 많은 것을 배울 수 있다. 성공한 사람을 시기하면 성공을 거둘 수 없다. 어떻게 그럴 수 있겠는가? 스스로 시기하는 자가 되어 있어야 하니 말이다. 스스로가 성공하지 못하도록 의식적으로든 무의식적으로든 자신을 닦아세우고 있을 것 아니겠는가. 왜 자신이 성공을 못했는지 그럴싸한 변명들—타당한 이유는 전혀 없는—만 잔뜩 안은 채로.

핵심은 부적응자들 대다수가 남을 비난하고 있다는 것이다. 그러나 우주는 병적인 비난꾼에게 적절한 자리를 내어 주는 나름의 기발한 방식을 갖고 있다. 우주는 그들의 내면을 불행하게 만든다. 게다가 진정한 성공은 이런 사람들을 평생토록 피해 간다. 아, 물론 성공적인 비난꾼이 될 수는 있겠지만 그게 전부다. 내가 알기론 노벨 비난상은 존재하지 않으며, 여태껏 비난꾼을 기리는 동상을 본 적도 없다.

사람들의 성취를 가지고 비난하는 것은 잘못이다. 당신이 얼마나 자격을 갖추었든 다른 사람들이—질색인 사람들까지도—원하는 바를 흔쾌히 허락하지 않는 한 우리가 간절히 원하는 것을 진정으로 얻을 수는 없다. '성공의 도시'로 가는 길에 오르는 대신 성공한 사람을 비난하다 보면 세상의 부적응자들이 우글거리는 정반대의 방향으로 향하고 만다. 바로 '실패자들의 마을'이다. 어느 쪽으로 가고 싶은가? '실패자들의 마을'인가, '성공의 도시'인가?

'성공의 도시' 쪽을 선택했다면 성공한 사람들에 대한 비난을 삼가야 할 뿐만 아니라 당신을 두고 이러쿵저러쿵 떠드는 부정적인 언사들을 무시하는 법도 배워야 한다. 성공을 거둘수록 더욱 많은 비난이 쏟아질 것이다. 성공한 사람들은 주구장창 텔레비전을 보는 것 외에는 뾰족하게 할 일을 찾지 못하는, 게으르고 질투에 가득찬 사람들에게 비난의 대상이 되기 십상이다.

그러나 성공한 사람들은 갖가지 오해와 비난, 부정적인 이들이 내뱉는 쓸데없는 말에 익숙해져 있다. 이미 정신적으로는 그것을 초월해 있다. 때로는 불친절한 언사가 이미 성공한 사람들을 더욱 높은 곳으로 향하게 하는 원동력이 되기도 한다.

비난을 피하는 것은 불가능한 목표─최고로 유명한 사람에게조차도─라는 점을 명심하자. 부적응자들은 인간이 달성한 위대한 업적은 뭐든 깎아내리려고 혈안이 되어 있으니 말이다. 즐거운 소식은 이 세상의 부적응자들로부터 숱한 비난을 받는 것은 당신이 이미 성공 가도에 탄탄히 발을 내딛고 있다는 증거라는 점이다. 아니, 어쩌면 이미 도달해 있거나!

5
과거를 바꾸려고 애쓰는 건 이제 그만

과거를 바꾸는 것이 불가능하다는 말은 굳이 할 필요도 없을 것이다. 그러나 많은 사람들은 과거에 집착한 나머지 현재를 살지도 못하고 더 나은 미래를 만들지도 못한다.

당신도 "이미 엎지른 물은 되돌릴 수 없다."라거나 "시계를 거꾸로 가게 할 수 없다."라는 식의 표현을 귀에 못이 박이게 들어 왔음에도 여전히 과거에서 오랜 시간을 보내고 있을지도 모른다. 벌써 지나가 버린 일들을 생각하는 데 오랜 시간을 보내고 있다면 반드시 행동을 수정해야 한다. 과거에 대한 후회와 내일에 대한 두려움은 시간과 에너지를 앗아가는 가장 큰 주범이다. 과거에 대한 후회와 내일에 대한 근심으로 시간을 보낼 때마다 오늘 일어나는 것들을 놓치기 때문이다.

아마도 당신은 과거를 이해하는 것이 자신에 대해 잘 알게 해 준다는 이유로 상당한 가치가 있다고 믿을지도 모르겠다. 왜 그때 이러저러한 일들을 했는지, 왜 그런 방식으로 반응했는지, 왜 그런 난리법석을 피웠는지……. 그러나 과거를 캐고 분석해 봐야 그만한 가치는 절대 얻지 못한다. 과거에 집착해 시간을 보내는 대부분의 사람들은 삶을 순서에 맞게 살아가지 못한다. 사실상 과거와 사투를 벌일수록 정신이 경험하는 고통은 더욱 커질 뿐이다. 과거에 살기를 멈출 때까지, 지나간 경험에서 스스로를 자유롭게 할 때까지, 당신은 그 고통에서 결코 벗어날 수 없다. 과거에 대한 집착은 밑바닥을 알 수 없는 구렁텅이가 된다. 어쩌면 당신은 과거를 이해하는 데 시간을 들여야 과거에서 자유로워질 수 있다고 생각할지도 모른다. 하지만 그것은 망상 가득한 착각일 뿐이다. 당신의 과거는 언제나 그대로이다. 그러니 과거를 변화시키겠다고 애쓰는 건 그만두자! 당신을 과거로부터 자유롭게 할 수 있는 유일한 방법은 잊는 것뿐이다.

물론 과거에 했던 무언가를 수정할 방법이 있을 때도 있다. 그럴 때는 신중하게 고려해야 한다. 그러나 그런 다음에는 수업료를 치른 셈치고 과거의 일에 가위표를 쳐야 한다. 이미 벌어진 일을 생각하는 것은 앞으로는 어떻게 다르게 할 수 있을지를 생각하는 데 필요한 만큼이어야 한다. 그런 다음 지나간 일은 잊고 현재에 집중하자. 조지 워싱턴이 지적한 대로 "과거의 실수로부터 교훈을 끌어낼 수 있거나 비싸게 치른 경험을 활용할 목적이 아니라면 뒤를 돌아봐서는 안 되는" 법이다.

더 나은 과거에 대한 희망 따위는 버려야 한다. 더 나은 과거가 있어야 밝은 미래가 생기는 것은 아니다. 과거가 얼마나 엉망진창이든 새로 시작하는 것은 언제든 가능하다. 너무 늦어 버렸다거나 너무 나이 들었다고 자책하는 것은 그만두자. 중요한 것은 지금도 할 수 있다는 사실이다. 당신의 에너지를 과거를 돌아보는 데 낭비하는 대신 현재의 자신에게 집중하는 데 이용하자. 문제를 낳은 과거에 대해 생각하다 보면 정작 문제를 해결하는 데 쓸 수 있는 시간과 에너지를 빼앗긴다. 오늘과 내일에 대해 낙관적이라면 과거는 더 이상 짐이 되지 않는다.

과거를 붙잡고 늘어지는 것만큼 쓸데없는 짓은 아무것도 없다. 당신이 그렇다고 선언하기만 한다면 과거에 일어난 일이 무엇이든 당신과 무관

하다. 당신의 현재와 미래의 위치는 오늘 이전에 일어난 일에 의해 고정되거나 미리 정해진 것이 아니다. 과거가 만들어 놓은 한계라는 것이 오로지 당신의 마음속에 존재할 뿐이라는 사실을 깨닫는 순간 훨씬 많은 일을 성취할 수 있다. 미래는 오늘 시작한 것, 그리고 내일 일어나게 할 것에 달려 있으니까.

6
당신이 경험하는 모든 것은 지금이다

의식 있는 사람이 되고 싶다면 현재를 살아가고 '지금'에 통달해야 한다. 그러나 안타깝게도 대부분의 사람들은 '지금'을 살아가지 못한다. '지금' 대신 '예전'이나 '그때'에서 살아가고 있는 것이다.

지금을 살아간다는 것은 심오한 개념이 아니다. 그럼에도 그렇게 하는 사람은 아주 드물다. 과거에 사는 것이 어리석은 것만큼이나 어떤 멋진 일이 다가오리라 공상하며 미래에 사는 것도 정신 나간 짓이다. 미래에 멋진 일이 일어나게 하기 위해서는 현재에 최선을 다해야 한다. 한 무명의 현자는 말했다. "미래는 현재를 충실히 살아가는 사람들의 것이다."

영적 지도자들은 우리가 과거나 미래에 대해 지나치게 많은 생각을 하기 때문에 삶을 만끽하지 못한다고 이야기한다. 그들은 '행복이란 현재를 살아가는 기술'이라고 말한다. 현재의 모든 것에 행복이 있다는 뜻이다. 다시 말하면 당신이 경험하는 모든 것은 지금이다. 그러니 현재에 붙어 있는 게 좋지 않겠는가?

믿건 믿지 않건 사실이 그렇다! 현재가 당신이 삶에서 얻을 수 있는 모든 것이다. 그러므로 당신이 얼마나 과거나 미래에서 살아가고 있느냐는 당신이 현재에서 귀중한 시간을 얼마나 놓치고 있느냐와 같다.

현재—미래가 아니라—가 당신의 자유와 깨달음의 열쇠를 쥐고 있다. 그

러나 마음이 미래나 과거에 매여 있는 한 현재의 순간을 경험할 수 없다. 그러므로 당신이 꼭 그곳에 있어야 할 필요가 없다면 과거나 미래에서 관심을 거두는 습관을 들여야 한다. 현재는 당신이 깨어 있는 시간의 적어도 95퍼센트가 있어야 할 곳이다.

선승들은 과거에서 기인한 문제나 후회, 미래에 대한 근심으로부터 자유로워지는 것이 얼마나 중요한지 강조한다. 현재에 충실하면 그 어떤 문제도, 어떤 걱정도, 어떤 고통도 당신에게 영향을 미칠 수 없다는 것이다. 임제종에서는 제자들에게 묻는다. "지금 무엇이 부족한가?" 당신이 현재에 살아간다면 아무것도 결여되어 있지 않음을 깨닫게 될 것이다.

한 선승은 이런 질문을 던진다. "지금이 아니라면 언제인가?" 제자들은 이 질문에 자아에 바탕을 둔 대답이 아닌 현재에 충실한 대답으로 반응을 보였다. 이것은 깨달음—온갖 짐과 문제에서 자유로운, 극도로 활력 넘치는 반야般若의 상태—은 과거나 미래에서는 일어날 수 없기 때문이다. 오로지 현재에서만 일어날 수 있다.

현재를 살아가는 선의 경험은 매혹적이고 즐거움을 주는 것이어서 결국 시간과 공간의 감각이 필요치 않게 된다. 현재를 살아가는 법을 체득하면 지금 하는 일 외에는 아무것도 중요치 않다.

현재를 살아가는 법을 체득하면 자유로움을 느끼고, 자신의 자아에만 집착하지 않고, 사물과 사건에 대한 인식이 바뀌는 등 다양한 경험을 한다. 현재를 살아가는 법을 체득하면 근심에서 벗어나 최적의 만족을 느낄 수 있는 에너지로 충만하게 된다. 깨달음의 경지에 이르는 것이다.

현재를 살아가는 것의 중요성은 선승들에게 있어 해탈의 순간만큼이나 명확해야 한다. 삶을 살아갈 기회를 늦춘다면 모든 것이 당신에게서 빠져나가 버린다. 당신이 삶을 살아갈 시간은 바로 지금이다.

지금 당신은 과거를 축하할 수 없다. 마찬가지로 내일도 축하할 수 없다. 당신이 축하할 수 있는 유일한 날은 오늘뿐이다. 옛 명언에 이런 말이 있다. "어제는 역사이고, 내일은 수수께끼이고, 오늘은 선물이다. 그렇기 때문에 현재를 '선물present'이라고 부르는 것이다." 과거를 받아들이고 미래는 잊고 현재에 정진해야 한다. 그러면 삶은 당신을 위해 마법을 펼치기 시작할 것이다.

7
부정적인 경험들은 뜻밖의 선물로 찾아온다

직장에서 해고된 것이 진정으로 끔찍한 경험이라고 생각하는가? 당신의 대답은 아마도 "당연하지!"일 것이다. 놀랍게도 해고 통지—직장 상황이 어떠하든—는 희소식이 될 수 있다. 몇 해 전에 나는 프로젝트 엔지니어로 일하던 중 해고를 당했고 절망했다. 그러나 결국 그것이 내게 일어난 최고의 일 중 하나가 되었다.

요즘 나는 친구나 지인이 직장에서 해고되었다는 말을 들으면 "축하합니다!"라는 말을 전한다. 삶에서 진정한 성공을 이루길 바라는 사람에게는 해고된 것이 더욱 나은 길로 갈 수 있는 기회임을 알기 때문이다. 회사가 당신에게서 일자리와 직함을 빼앗아갈 수는 있지만 재능과 창조성을 빼앗아갈 수는 없다. 해고 통지를 하는 것으로 회사는 당신에게 다른 곳에서 창조성과 재능을 극대화할 수 있는 기막힌 기회를 제공하는 셈이다.

해고든 다른 부정적인 사건이든, 결국은 충분한 보상을 주는 값진 경험이 될 수 있다. 앤 모로 린드버그는 이렇게 주장했다. "삶을 찾으려면 우선 잃어야 한다." 수많은 해고된 사람들이 옛 삶의 방식을 잃음으로써 새롭고 활기찬 삶을 경험하게 되었다. 해고 통지를 받는 것이 직업을 바꾸고 더 나은 삶을 살도록 하는 최상의 기회가 된다는 사실을 깨달은 것이다.

부정적인 사건들이 가져다줄 수 있는 기회나 선물에 열린 자세를 가져야 한다. 물론 당신의 집이든 어느 누구의 집이든 홀랑 타 버리는 일이 없기를 진심으로 바라는 바이지만, 만의 하나 그런 일이 일어났다고 해서 그것이 극도로 비극은 아니다.

스페인의 속담에는 "집에 불이 났다면 그 온기로 몸을 데워라."라는 말이 있다. 같은 맥락에서 중국의 한 금언은 최상의 설명을 덧붙인다. "불이 나서 집이 다 타니 달을 볼 수 있구나."

찾을 준비만 되어 있다면 대부분의 부정적인 사건에도 긍정적인 일면이 있게 마련이다. 예를 들어 장시간의 비행기 여행에서 부정적인 시각을 지닌 사람과 나란히 앉는 것은 참 고약한 일이다. 삶이 얼마나 버거운지에 대한 길고도 산만하기 짝이 없는 개인적인 평가를 지겹도록 듣고 있어야 할 수도 있다.

"왜 비행기에 탄 다른 209명이 아니라 하필 나람?"

비행 도중 스스로에게 백 번쯤은 자문하게 될 것이다. 그러나 이 경험에서 당신은 삶에서 성공하지 않으려면 어떻게 하면 되는지, 다른 사람에게 좋은 인상을 주지 않으려면 어떻게 하면 되는지에 관한 귀중한 교훈을 얻을 수 있다.

요컨대 어떤 부정적인 일에 지나치게 압도된 나머지 그 일이 제공하는 긍정적인 측면을 놓치지 말라는 것이다. 위기는 당신을 일으켜 세우고 뭔가 중요한 일을 완수하는 데 필요한 추동력을 부여해 줄 수 있다. 물론 살아가면서 겪는 수많은 일들이 버거울 수는 있다. 그러나 그 대가는 당신으로 하여금 다른 어려운 사건들을 수월하게 다룰 수 있게 단련시켜 준다. 최악의 상황을 최선으로 활용하면 그렇게까지 나쁘게 느낄 이

유가 없다.

고통스런 사건이 얽힌 문제나 좌절의 경험이 결국 창조적인 성장과 변화의 기회가 되는 경우가 적지 않다. 이혼을 하거나 라스베이거스에서 거액을 잃고 난 뒤 그것을 심기일전하는 기회로 삼은 사람들이 수없이 많다. 내 경우처럼 해고를 당하면서 애초에 그 직업에 발을 잘못 들였다는 것을 깨달을 수도 있다. 커다란 문제들은 오래되고 판에 박힌 사고의 틀을 깨는 역할을 해 준다.

삶에서 우연히 일어나는 일은 없다고 이야기하는 작가와 철학자 들이 적지 않다. 리처드 바크는 이렇게 썼다. "삶에서 만나는 한 사람 한 사람, 일어나는 모든 사건은 당신이 그리로 이끌었기 때문에 그곳에 있는 것이다. 그것을 가지고 무엇을 할지는 전적으로 당신에게 달려 있다."

우리에게 일어나는 모든 일은 인과응보라는 사슬의 한 부분이다. 책임은 우리에게 있다. 우리의 심리적 에너지가 좋은 것과 나쁜 것을 끌어들이는 것이다.

당신이 척도로 삼는 것이 무엇이든 장기적으로는 좋은 것이 나쁜 것의 우위를 점하게 되어 있다. 최상의 시기가 최악의 시기가 될 수 있으며, 최악의 시기도 최상의 시기가 될 수 있다. 갖가지 사안의 긍정적인 면을 보려고 노력한다면 부정적인 측면이 지닌 힘은 경감되게 마련이다. 더 이상 내려갈 수 없는 바닥에 가라앉았다는 생각이 들 때―긍정적인 면을 보기만 한다면―라도 이제는 올라갈 일만 남았음을 알 수 있다. 동기 부여 강연가인 지그 지글러의 말을 빌리자. "정상에서 만납시다!"

8
잘 사는 것이야말로 최고의 복수다

얼마 전 아는 사람이 자신에 대한 것이라고 여겨지는 고약한 헛소문에 온통 신경을 곤두세우고 지낸 적이 있다. 몇 달 동안 그는 혹독한 복수를 해 줄 요량으로 소문을 퍼뜨린 장본인을 찾아 나섰다. 몇 달이 지나 다른 사람들이 다 잊고 난 뒤에도 그는 계속해서 그 헛소문을 사람들에게 일깨워 주며 돌아다녔다. 복수가 이제는 집착이 된 것이었다.

마찬가지로 많은 사람들이 복수를 위해 사는 것처럼 보인다. 안타깝게도 보복에 혈안이 된 사람들은 애초에 자신에게 상처를 준 사람들이 자신에게 더 큰 상처를 주도록 만든다. 그 사건에 집착한 나머지 복수가 끝난 후에도 피해를 입은 느낌을 떨치지 못하는 것이다.

살아가면서 우리는 복수하고 싶은 유혹을 느끼기도 한다. 그러나 진짜로 복수하겠다고 펄펄 뛰지 않는 편이 현명하다. 실제 나타나는 결과가 기대하는 결과에 미치지 못하는 경우가 많기 때문이다. 예를 들어 복수심이 아니라면 이혼하면서 지루한 법정 공방이 필요할 까닭이 없다. 법정 공방은 엄청난 비용과 시간, 에너지가 들 뿐만 아니라 삶 자체를 삼켜 버린다. 원고가 이기든 피고가 이기든 결과는 언제나 두 사람 모두의 패배로 끝난다.

얼마나 고약한 피해를 입었든 호시탐탐 복수의 기회를 엿보지 않기로

결정하는 것이 현명한 행동이다. 루 홀츠가 말한 대로 "복수하려고 혈안이 되어 있는 한 절대로 상대를 앞서 나갈 수 없기" 때문이다. 그보다는 가치 있는 일에 시간과 에너지를 들이는 편이 현명하다. 아무리 부당한 대접을 받았더라도 복수할 가치가 있는지 적절한 시각으로 바라보는 것이 중요하다. 잘못에 잘못이 더해져 옳음을 만드는 경우는 거의 없다. 긍정적인 보답을 기대하기란 거의 불가능하다.

삶에서 당신의 발목을 잡아끄는 것 중 하나는, 잊는 게 나은 일에 에너지를 낭비하는 것이다. 공자는 이런 결론을 내렸다. "일이 잘못되어도 바로 잊을 수만 있다면 아무것도 아니다." 자신이 입은 피해와 관련해 어떤 극한 처방을 내릴까 생각하고 있다면 최소한 며칠만이라도 기다리기를. 결국 복수하면서 공연한 수고를 할 가치가 없다는 결론을 내리게 될 테니까.

당신에게 잘못을 저지른 사람을 용서하는 법을 배우면 복수할 필요는 사라진다. 용서를 거부하는 것은 오히려 상대가 아니라 당신 스스로를 옭아매고야 만다. 중국의 속담에는 이런 말이 있다. "복수를 하려면 무덤을 두 개 파놓아야 한다." 과거에 상대의 잘못으로 고통받았더라도 오늘은 용서하고 잊을 때이다. 내일 혹은 모레가 아니다. 이미 종결된 일이라 생각하는 것이 최선이다. 그렇게 하면 커다란 부담이 어깨에서 떨어져 나가는 걸 느낄 것이다.

누구나 뚜렷한 이유 없이 부당한 처우를 받을 때가 있다. 고약한 행위에 대해 또 다른 고약한 행동으로 앙갚음하려는 유혹에 저항해야 한다. 그런 유혹은 결국 아무런 결실 없이 끝나게 마련이다. 예전 직장 상사나 전 애인에게 복수하는 방법에 관한 수많은 책들을 비롯해 복수심으로 먹고 사는 산업이 멀쩡히 존재할 정도지만, 복수하면서 비뚤어진 즐거움을 맛보겠다는 것은 결국 공허함만 남길 뿐임을 기억해야 한다.
"잘 사는 것이야말로 최고의 복수다." 이 중요한 프랑스 속담을 따르고 기억한다면 원망을 품은 채 살아갈 필요가 없을 것이다. 자기 삶의 목표에 집중하고 큰 성취를 이루는 것이 상대에 대한 복수라고 생각하면 어떨까? 성취와 함께 보다 미묘한 복수 방법도 있다. 사샤 기트리의 말에 귀를 기울여 보자. "어떤 남자가 당신의 아내를 빼앗아갔다면 계속 데리고 있게 하는 것보다 더 나은 복수는 없다." 오스카 와일드도 골치투성이들을 다루는 효과적인 방법을 제시했다. "항상 적을 용서하라. 그것보다 그들을 괴롭히는 일은 없을 테니까."
또한 당장은 아니라도 언젠가는 그들에게 앙갚음하는 운명의 방식이 있다는 점을 기억해 두자. 사필귀정이라고 하지 않았던가. 잘못을 저지른 사람은 결국에는 그 업보를 받을 것이다. 다른 누군가가 비슷하거나 더 고약한 일을 그들에게 저지를 테니 말이다. 대부분의 경우에는 복수를 노릴 필요도 없다. 그저 편안하게, 신이 그분의 방식으로 정의를 행하는 모습을 지켜보기만 하면 된다.

9
행복해지고 싶은가? 당장 텔레비전을 치워라

나는 당신이 대부분의 시간을 텔레비전을 보는 데 보내면서 그나마 남은 시간을 지루하고 따분하기 짝이 없는 삶이라고 생각하는, 충만하지 못한 삶을 사는 사람들에 속하지 않기를 바란다. 그러나 설령 당신이 그런 사람이라 할지라도 걱정할 필요는 없다. 이런 상황을 해결하는 데 도움을 줄 약물 요법이……. 아니, 이건 농담이고 진짜 좋은 소식은 따로 있다. 자신을 돌볼 수 있을 정도라면 삶을 향상시킬 무언가도 할 수 있다는 것이다.

당신이 지나치게 오래 텔레비전을 보고 있으며 되도록 빨리 이 문제와 관련해 조치를 취해야 할 상황이라고 생각해 보자. 텔레비전을 지나치게 오래 보는 것은 여가 시간을 활용하는 좋은 선택이 될 수 없다. "텔레비전이 뭐 어때서?" 어쩌면 당신은 절친한 친구가 공격받은 것에 발끈해 이렇게 물을지도 모르겠다. 하루 30분 내지 한 시간 동안 텔레비전을 보는 것에는 아무 문제가 없다. 그렇지만 그 이상 봐서 안 되는 이유는 수없이 많다.

가장 큰 문제는 텔레비전을 지나치게 오래 보는 것은 넓은 의미에서 자살과 별반 다름없다. 다른 일은 하지 않고 텔레비전만 보겠다고? 차라리 구덩이를 파서 그 안에 들어간 다음 그 위에 흙을 덮기를.

이런 내 주장은 평안하고 만족스러우며 행복한 삶은 얼마나 오랜 시간 텔레비전을 보는가와 반비례한다는 가정에 근거한다. 텔레비전 시청이 대부분의 사람에게 만족감과는 거리가 먼 활동임을 밝혀 주는 학술적 증거는 여럿 있다. 많은 사람들은 자신이 지나치게 오래 텔레비전을 본다는 것을 인정한다. 텔레비전이 워낙 접근하기 수월한 위락 수단이기 때문이다. 보다 만족스런 활동들은 더 큰 동기와 창의력을 필요로 한다. 즉 노력이 필요한 것이다.

행복해지기 위해서 단 1분이라도 텔레비전을 시청할 필요는 없다. 어쩌면 반드시 보지 말아야 할지도 모를 일이다. 대개의 활동과 마찬가지로 텔레비전 시청 역시 적당히 하면 전혀 해롭지 않다. 그러나 사람들은 텔레비전 시청과 관련해서는 적당히 할 줄을 모른다. 조사에 따르면 미국인들은 평균적으로 하루 4시간(일주일이면 28시간) 동안 텔레비전을 보고 있다. 일 년의 두 달을 텔레비전만 보며 지내는 셈이다. 활동적인 사람들은 초록이 무성한 봄이나 여름에는 텔레비전 앞에서 4시간씩 꼬박 앉아 있기가 불가능하다는 점을 되새겨 보자. 심지어는 텔레비전 자체가 없는 집도 있다.

평안하고 만족스럽고 행복한 삶은 성실함과 관련이 있으며, 소파에서 늘쩡거리며 하루에 2시간 이상씩 텔레비전을 보는 것은 성실함과는 거리가 멀다. 텔레비전 시청은 몸뿐만 아니라 정신적으로도 참여도가 지극히 낮은 활동이다. 최근의 조사에 따르면 대부분의 사람들이 텔레비전을 2시간 이상 보고 난 뒤에는 어느 정도의 무력함을 느낀다고 한다. 괜히 텔레비전을 '바보상자'라고 부르는 것이 아니다.

텔레비전은 사람과 대면하는 데 쓰일 시간을 잡아먹는다. 최근 데이비드 캠벨을 위시한 하버드의 연구팀은 텔레비전을 시청하는 것이 개인의

사회적, 공적 삶에 악영향을 미친다는 연구 결과를 발표했다. 텔레비전을 주된 여가 활동으로 선택한 사람들은 파티에 가거나 친구를 만나거나 다른 놀이를 하거나 소풍을 가거나 헌혈을 하거나 감사 카드를 보내는 비율이 현저하게 낮았다.

같은 연구에 따르면 고질적인 텔레비전 시청은 '멍청하고 욱하는 성질'과도 관련이 있다. 고질적인 시청자들은 가끔 보는 시청자보다 도로에서 삿대질할 확률이 높다. 멍청하고 욱하는 성격 탓에 텔레비전을 고질적으로 시청하게 되는 것인지, 아니면 역으로 멍청하고 욱하는 성격이 텔레비전 시청 습관에서 기인한 것인지는 밝혀지지 않았다.

당신이 어떤 성격이든 시간을 창조적이고 건설적으로 사용하면 텔레비전을 볼 시간은 그다지 많지 않다. 베스트셀러 《오늘이 내 삶의 새로운 시작이다》에서 돈 미겔 루이스는 우리에게 한 가지를 일깨워준다. "활동은 충만하게 사는 것과 관련 있다. 무력하다는 것은 삶을 부정하는 방식이다. 무력하다는 것은 몇 년 동안 날마다 텔레비전 앞에 앉아 있는 것이다. 살아 있기가, 그리고 자신이 누구인지를 드러낼 위험을 감수하기 두렵기 때문이다."

10
문제의 가장 큰 원인은 바로 당신이다

진실이지만 받아들이고 싶지 않은 대부분의 명제가 그러하듯 이 말 역시 당신의 화를 돋울 것이다. 삶이 바라는 만큼 만족스럽거나 충만하지 못한다면 애초에 이 난장판을 자초한 사람은 바로 당신이라는 사실이다. 더불어 지금 처해 있는 어려움을 직시하려면 스스로를 손가락질하는 편이 현명하다는 사실이다.

분명 당신이 처한 문제의 가장 큰 원인은 당신이다. 골칫거리들은 하나같이 당신의 작품이다. 그리고 그 골칫거리에 매여 있겠다고 선택한 사람도 바로 당신이다. 한 무명의 현자는 말했다. "당신이 상대해야 할 최악의 말썽꾼은 아침마다 거울에서 당신을 바라보는 사람이다."

지금 맞닥뜨린 대부분의 문제와 불운을 만든 사람이 바로 자신이라는 점에는 누구도 의문을 갖지 않을 것이다. 그럼에도 우리는 그 책임을 외부의 요인 탓으로 돌리려고 애를 쓴다. 문제를 자초한 사람이 자신이라는 점을 인정하지 않는 한 반복적으로 대가를 치를 수밖에 없는데도 말이다.

그렇다고 자기 스스로를 삶에서 원하는 것을 얻지 못하도록 하는 걸림돌―더 나쁘게는 번번이 발목을 잡는 장애물―로 폄하하지는 말자. 물론 행복과 성공을 추구하는 과정에서 그 누구보다 자기 자신과 많은 마찰을 일으키게 마련이다. 그 점을 깨닫는 사람도 있고 그렇지 못한 사람도 있다. 아이작 디네센은 전자에 속한다. "내가 평생 만났으며, 신께서 알고 계신 숱한 어리석은 사람들 중에서 단연 최고는 바로 나 자신이다." 다행히 삶에서 문제를 극복하고 원하는 것을 성취하는 일은 상황에 달려 있지 않다. 그것은 스스로 책임감을 가지고 그 상황을 극복하거나 혹은 변화시킬 수 있는지에 달려 있다. 자신의 한계에 대한 믿음에서 벗어난다면 누구나 스스로 자초한 문제들을 훨씬 성공적으로 해결할 수 있다.

자신이 떠안은 문제에 대해 세상을 탓하지 않는다면 스스로의 삶을 힘있게 조절할 수 있다. 삶의 모든 문제에 대해 책임을 지도록 하자. 문제가 자신의 탓—상황이나 다른 사람이 아니라—임을 인정하자. 그러면 자신이 처한 문제의 진정한 원인을 규명할 길이 열릴 것이다.

당신은 음험하고 수수께끼 같은 힘에 굴복한 무력한 존재가 아니다. 꽉 막힌 도로에 대해 불평을 늘어놓을 때는 당신을 그 길에 밀어 넣은 장본인, 바로 당신 자신을 탓하자! 교통 체증을 일으킨 데는 도로를 가득 채운 운전자들과 마찬가지로 당신에게도 책임이 있지 않은가. 당신은 지금 처해 있는 난관을 벗어날 상당한 힘도 지니고 있다. 기회를 봐서 자동차에서 벗어나자. 그러면 당신에게 교통 체증 문제는 없어질 테니까.

우리가 하는 행동은 그 행동으로 정당화시킬 수 있는 것보다 더욱 큰 문제를 낳기도 한다. 그 문제가 늘 즉각적으로 나타나는 것이 아니기 때문에 자신의 행동과 그로 인해 나타난 문제 사이에 연관이 있음을 알아채지 못하는 사람들도 있다. 그런 부류의 사람이 되지는 말자. 이 연관성을 파악하지 못한다면 아마도 아주 오랜 시간 동안 비참함 속에서 살게 될 테니 말이다.

단순히 불편하다는 이유로 문제를 일으켜서는 곤란하다. 삶에는 골칫거리를 만들어 낼 수 있는, 예기치 못한 사건들이 수두룩하다. 그런데 왜 거기에 새삼 골칫거리를 더해야 할까? 그 무엇도 처음 볼 때만큼 심각하지 않다는 점을 깨달아야 한다. 오늘 엄청난 어려움으로 보이는 것이 며칠 지나고 나면 그저 기억해 둘 만한 경험 정도로 끝나는 경우도 허다하다.

문제는 해결의 시초가 되지만 그 반대도 진리이다. 문제에 적용되는 어

떤 해결책에도 한 가지 이상의 새로운 문제가 따르게 마련이다. 다시 말하자면 지난 문제를 얼마나 해결했는지에 상관없이 언제나 새로운 문제를 안게 된다는 뜻이다. 그러니 골칫거리에 익숙해지도록 하자.

사실, 당신은 좀 더 세상의 문제에 친숙해져야 한다. 문제가 없이는 벌이의 수단도 갖지 못할 것이다. 게다가 문제는 만족감과 성취감을 얻을 수단이 되기도 한다. 자, 당신이 안고 있는 문제들, 이제 멋지게 보이지 않는가?

11
많이 소유할수록 더 많은 문제가 생긴다

이국적인 스포츠카를 갖고 싶은가? 그걸 가지면 행복해질까? 어쩌면 그럴지도 모른다. 물론 그렇지 않을 수도 있고. 한때 스포츠카를 가졌던 사람의 말을 들어 보자. "살면서 최상의 날 이틀을 꼽자면 하루는 알파 로메오를 샀던 날이고, 또 다른 하루는 알파 로메오를 팔았던 날이다." 꿈에 그리던 차를 드디어 가졌지만, 그것이 지옥에서 온 차라는 것을 깨달은 사람은 비단 이 사람뿐만이 아니다.

모든 부정적인 사건에는 긍정적인 면이 있게 마련이지만, 마찬가지로 대개의 긍정적인 일에는 부정적인 면이 따른다. 작가 리처드 바크는 이렇게 썼다. "우리가 처한 재앙이 우리에게 일어날 수 있는 최상의 일인 경우가 적지 않다. 축복이라고 여겼던 것들이 최악으로 밝혀지는 경우도 많다." 바크의 말대로 긍정적인 일 자체가 아예 일어나지 않았더라면 좋았을 것이라고 바랄 때가 적지 않다.

받아들이기 어려울지 모르지만, 당신이 원하는 수많은 것들은 상상보다 훨씬 많은 문제를 안겨 줄 것이다. 뭔가를 바라고 그 목표를 향해 노력할 때는 조심해야 한다. 정말로 그것을 얻게 될 수 있으니까. 아빌라의 성녀 데레사의 말은 생각해 볼 만하다. "응답을 받지 못한 기도보다 응답을 받은 기도에 더욱 많은 눈물을 흘리는 법이다." 많은 이들이 이상

적인 직장, 이상적인 배우자 등 간절히 바라던 것이 자신에게 일어난 최악의 일임을 깨닫곤 한다.

자신이 원하는 것이 행복하고 만족스러운 삶을 사는 데 필요한 것이 아닐 수도 있다는 점을 고려해야 한다. 예를 들어 승진을 고대하고 있다면 로버트 프로스트의 말을 되새겨 보자. "하루 여덟 시간을 충실하게 일한 결과로 사장이 되어 하루 열두 시간을 일하게 될 수도 있다." 마침내 승진해 더욱 큰 책임이 따르는 직책을 얻게 되었을 때 자신의 꿈이 악몽이었다는 것을 깨닫는 사람은 한둘이 아니다.

원하는 만큼 행복하지 못한 이유의 상당 부분은 삶에서 문제로 보였던 것을 해결하기 무섭게 더욱 많은 문제가 야기되기 때문이다. 이 현상은 다양하게 나타난다. 혼자 생활하는 게 싫어 결혼하고 싶은 경우가 있다. 이상적인 상대를 만나 그 문제를 해결하는 순간 "결혼은 고독보다 더욱 외롭다."라거나 "결혼은 연애의 무덤"이라거나 "결혼은 이혼을 위한 발판"임을 비롯한 결혼에 관한 통찰력 넘치는 말들에 고개를 끄덕이게 될지도 모를 일이다.

입을 옷이 마땅치 않아서 문제라고? 이 문제를 해결하는 순간 옷장이 포화상태가 되거나 아침마다 뭘 입어야 할지 고민해야 하는 문제가 생길 수도 있다. 전 CBS 방송의 논평가 에릭 세버라이드가 내린 결론도 무리는 아니다. "문제의 가장 큰 원인은 바로 해결이다."

예부터 정신적 스승들은 기도하는 것을 얻지 못하는 것이 때로 축복이라고 믿어 의심치 않았다. 고대 그리스에는 "신은 그분의 화를 북돋운 사람에게 원하는 것을 주신다."라는 격언이 있다. 같은 맥락에서 리처드 J. 니드햄은 "신은 기도를 무시함으로써 약한 벌을 내리고, 기도를 들어줌으로써 호된 벌을 내린다."라고 했다. 저명한 시인이자 현자인 루미는 이렇게 썼다. "어떤 일이 일어나지 않는 까닭은 재앙이 일어나지 않게 하기 위해서이다."

어쩌면 모든 바람과 필요가 충족되지 않다는 데 신과 온 우주에 감사해야 할지도 모를 일이다. 지상의 천국처럼 보이던 것이 실제로 경험했을 때는 지상의 지옥처럼 느껴질 수도 있다. 왜 이런 처지에 놓였는지 한탄하는 대신, 당신이 진심으로 원하는 것을 얻지 못한 덕분에 얼마간은 심각한 문제를 덜 수 있었으리라는 점을 진지하게 생각해 보기를.

12
지금 당장 인생을 바꾸는 법

당신이 가지고 있는 현실에 대한 인식이 잘못되었을 수도 있다는 점을 고려해 본 적이 있는가? 그런 적이 없다면 현실에 대한 인식이 잘못되었다는 충분한 반증이 된다. 인간의 정신이 만들어 낸 굉장한 창조물 중 하나는 현실과 무관한 현실 인식이다. 그러므로 당신이 인식하는 현실에 주의를 기울여야 한다. 그것은 삶에서 갖가지 문제를 일으킬 수 있다. 특히 실제보다 상황을 심각한 것으로 인식할 때는 더욱더.

예를 들어 두 사람이 같은 상황에 맞닥뜨렸다. 그런데 한 사람은 그것을 축복으로 여기는 반면 다른 사람은 저주로 여긴다. 큰 재산을 잃고 난 다음 유유히 걸어가면서 "뭐 별 것 아냐. 고작 돈일 뿐이잖아. 내게는 아직 내가 남아 있어." 하고 중얼거리는 백만장자가 있는가 하면, 20달러짜리 주차 위반 딱지에도 며칠 밤을 뒤척이는 백만장자도 있다. 그 차이는 바로 현실을 서로 다르게 보기 때문이다.

문제에 대처하는 생각과 행동이 변하면 당신을 둘러싼 세상도 변한다. 대부분 부정적인 상황은 그것을 바라보는 시선을 변화시키는 것만으로도 쉽게 변할 수 있다. 그 변화의 정도는 얼마나 열린 마음을 갖고 있는가에 달려 있다. 유연한 사고를 함으로써―그리고 자신의 신념에 도전함으로써―우리는 삶에 대한 신선한 인식과 건강한 태도를 가질 수 있다.

삶이 제대로 돌아가지 않는다면 머리에 약간의 충격을 주어서라도 자신의 인식을 흔들어야 할지도 모른다. 상황을 보는 맥락을 변화시킴으로써 삶의 질을 즉각적으로 변화시키는 것이다. 문제를 어떻게 받아들일지를 결정하는 것은 문제의 현실이나 경중이 아니라 인식의 선택이다. 자신이 처한 상황의 정도는 조절할 수 없을지라도 그것에 대한 반응은 얼마든지 조절할 수 있다.

자신이 바라는 방식으로 풀려 나가지 않는다고 넋 놓고 있을 일이 아니다. 과거에 무슨 일이 일어났는지는 잊고, 앞으로 삶에서 해낼 수 있는

것에 과거의 일이 영향을 미치지 않도록 해야 한다. 새로이 시작하기란 언제든 가능하다. 과거가 어떠했든 엄청난 차이를 일으킬 수 있다.

당신이 우주에 불어넣는 정신적 에너지는 즉각적으로 당신에게 반영된다. 충만하고 평안하고 만족스러우며 행복한 삶을 그리면서 더욱 많은 긍정적인 에너지를 불어넣을수록 실제로 그 같은 삶이 실현될 확률이 높아진다. 기적 같은 일이 벌어질 수 있다. 흐린 날에도 순식간에 당신만의 햇살을 만들 수 있으며, 생각이 행복을 결정하고, 건강에 영향을 미친다. 전반적으로 삶의 질을 결정하는 것은 다름 아닌 당신의 생각이다.

13
문제의 크기는 인식에 달려 있다

대다수의 사람들은 자신들이 안고 있는 문제를 실제보다 훨씬 심각하게 생각한다. 당신도 예외가 될 수 없다. 밖에 돌아다니는 사람들이 나보다 훨씬 수월한 삶을 살고 있을 거라는 함정에 빠지기는 너무도 쉽다. 그러나 소크라테스가 지적한 대로 "만약 우리의 불운을 모두 한데 쌓아놓고 모두가 똑같은 분량을 나눠 가져가야 한다면 사람들은 기꺼이 자기 몫을 들고 떠나갈 것"이다.

당신과 당신의 문제가 그리도 중요하다고 생각하는가? 세상은—하나의 비교적 무관한 예외와 더불어—65억 명의 저마다 다른 인간으로 이루어져 있다. 당신의 문제는 당신에게는 심각하고 중요하게 보일 수 있다. 그러나 당신이 지닌 문제의 경중은 인식에 달린 것이며, 인식에 따라 대부분의 문제가 대수롭지 않은 것이 될 수 있다.

상황에 대한 당신의 인식이 과도하게 기만적일 수 있다고 전제해 보자. 당신이 자신의 문제에 지나치게 초점을 맞춘 나머지 자신을 둘러싼 멋진 세상이 아예 존재하지 않는 것처럼 생각하기 쉽다. 문제를 다루는 데 어려움을 겪는 이유는 여유를 갖고 자신의 문제가 실제로 얼마나 심각한지 자문하지 않기 때문이다. 우리가 궁지에 몰렸다고 인식하는 상당 부분이 소소한 것에 지나지 않는다. 그것으로는 분노나 좌절감을 정당화시킬 수 없다.

누구나 때때로 일을 망치곤 한다. 그러나 우리의 마음은 행복과 평안을 희생하면서 부정적인 사건을 과장하는 경향이 있다. 월드컵이 시작되기 5분 전부터 말썽을 부리기 시작한 텔레비전을 두고 엄청난 재앙이 내린 듯한 반응을 보이는 사람들도 있다. 하지만 그 경기를 보지 않는 것이 어쩌면 훨씬 나을 수도 있지 않을까?

너무도 중대하게만 느껴졌던 과거의 사건이나 상황이 결국에는 별 의미 없는 것이 되기도 한다는 점은 상당히 충격적인 일이다. 사실 그 사건과 상황은 애초부터 중요한 것이 아니었다. 지금 몇 날 며칠 잠을 이루지 못하는 문제도 삶의 큰 그림에서 바라보면 별로 중요하지 않다. 며칠만 지나면 왜 그렇게 사소한 문제를 두고 걱정하느라 시간과 에너지를 낭비했을까 의아해질 것이다.

큰 문제를 안고 있다고 생각한다면—그리고 그러한 문제를 더 찾는 중이라면—틀림없이 문제를 가득 안게 될 것이다. 따라서 어려운 상황이 도래한다면 신경증적 반응을 보이지 말고 제대로 된 관점에서 살펴보자. 해고되었다고? 물론 문제임에는 틀림없다. 그러나 하루 열두 시간 동안 음식과 물을 구걸해야 하는 인도의 노숙자들과 비교하면 북미에서 해고된 당신의 문제는 그저 배부른 투정일 뿐이다.

내가 엔지니어로서 처음 일한—그리고 마지막이 된—직장에서 몇 년 전 해고되었을 때 한 지인이, "역경이 사람을 만든다."라는 말을 해 준 적이 있다. 당시에는 그런 위로를 받아들이기가 힘들었지만 결국 그 사람의 말이 옳았다. 역경을 일부러 선택할 필요는 없을 수도 있다. 그러나 역경은 어떤 의미에서는 자극이 된다. 특히 밑바닥에 떨어져 무일푼일 때는 어쩔 수 없이 창의력을 발휘해야 하기 때문이다.

사소한 문제들 때문에 자기 연민을 갖는 것은 우스꽝스러운 짓이다. 당신의 삶에서 잘못되는 '큰일'조차 비극과는 거리가 멀다. 진짜 큰 문제—진정으로 비극인—를 보고 싶다면 텔레비전에서 월드 뉴스를 10분만 시청해 보자. 남의 비극에서 위안을 받으라는 것이 아니라 당신의 문제와 상황을 제대로 된 관점에서 보라는 것이다.

골칫거리를 줄이고 싶다면 이제부터 큰 그림을 보도록 하자. 그러면 지금의 문제가 그다지 중요하지 않거나 우주의 흐름과는 무관한 듯 보일 것이다. 지금 안고 있는 문제의 상당 부분은 오히려 축복처럼 여겨질 수도 있다. 그런 관점에서 리처드 바크는 말했다. "선물을 손에 들고 있지 않은 문제는 없다. 당신은 그 선물이 필요하기 때문에 문제를 추구하는 것이다."

14
문제를 제대로 파악하면 이미 반은 해결한 것이다

"문제가 뭐지?" 좋은 질문이다. 바라는 모습과 지금 있는 그대로의 모습 사이의 차이, 다시 말하면 이상과 현실 상황의 괴리에서 문제는 발생한다. 잘못된 일을 바로잡기 위한 열쇠는 무엇이 잘못되었는지를 이해하려고 노력하는 것이다. 다시 말하면 문제를 제대로 규명해야 한다는 뜻이다.

나는 얼마 전에 세미나 예약을 더 많이 받기 위해 여러 회사의 중역들에게 브로슈어를 보낸 적이 있다. 그런데 실망스럽게도 응답률이 그리 높지 않았다. 나는 중역들을 감동시킬 만한 값비싼 브로슈어를 만들지 않은 것이 문제라고 생각했지만, 값비싼 브로슈어에 돈을 들이기 전에 다시 한 번 문제를 살펴보기로 마음먹었다. 문제를 정확히 규정하는 것이야말로 문제 해결을 성공적으로 수행하는 첫 번째 중요한 발걸음이라는 점을 기억하고 있었으니까.

유레카! 나는 내가 안고 있는 문제가 중역들의 관심을 끄는 방법과 관련이 있다는 것을 깨달았다. 브로슈어를 쓰든 다른 방법을 쓰든 말이다. 그 점을 깨달은 뒤 나는 퍼즐을 만들어 중역들에게 편지와 함께 발송하기로 했다. 그다지 전문적인 편지는 아니었지만 받는 사람들의 관심을 얻는 데는 더할 나위 없는 효력을 발휘했다. 적어도 브로슈어를 발송하는

것보다는 백 배쯤 효과가 있었다. 다행히 나는 문제를 제대로 규명할 수 있었다. 새로운 브로슈어를 제작했다면 별다른 성과도 올리지 못하면서 시간과 돈을 더 들여야 했을 것이다.

효과적으로 문제를 해결하려면 우선 문제가 있음을 깨닫고 인정해야 한다. 이 단계까지는 우리 대부분이 할 수 있다. 그러나 상당수가 잘못하는 부분은 문제를 제대로 규명하지도 않은 채 문제를 풀겠다고 뛰어드는 것이다. 어쩌면 당신은 이렇게 생각할지도 모른다. "문제가 있다는 걸 알고 있잖아. 그것으로 된 거 아니야?" 많은 사람들이 어떤 문제를 몇 년씩 안고 있는 건 문제의 진정한 성격을 파악하지 못했기 때문에 해결 방법 역시 몰라서가 아닐까?

제대로 문제를 규명하는 것이 늘 쉬운 일은 아니다. 그렇기 때문에 G. K. 체스터튼은 말했다. "사람들은 해결책을 보지 못하는 것이 아니고 문제를 보지 못하는 것이다." 예를 들어 연인과 관계가 나빠져 힘들어 하는 사람들의 절반은 연인과 좀 더 오랜 시간을 함께 보낸다면 훨씬 나아질 것이라고 확신한다. 그러면 나머지 절반은? 물론 그들은 연인에게서 좀 더 떨어져 있으면 관계가 좋아질 것이라고 믿어 의심치 않는다.

그런데 안타깝게도 양쪽 다 관계 개선에 관한 자기만의 신념에서 벗어나지 못한다. 핵심은 자신의 방식을 고수하는 한—연인과 더욱 많은 시간을 함께 보내든 적게 보내든—관계는 나아지지 않는다는 것이다. 문제를 제대로 규명하지 못했기 때문이다.

문제는 어쩌면 의사소통의 부재일 수 있다. 같이 있으면서 진정으로 의사소통을 하지 못한다면 더욱 많은 시간을 함께 지내든 떨어져 지내든 별반 차이가 없다. 어쩌면 의사소통과 관계없는, 자존감의 문제일 수도 있다.

그것이 무엇이든 문제는 반드시 제대로 규명되어야 한다. 미국의 발명가인 찰스 F. 케터링은 말했다. "문제를 명료하게 정리하면 이미 반은 해결된 셈이다." 지금 당신은 문제를 제대로 규명하지 않는 한 그 문제를 해결할 수 없다는 메시지를 얻었을 것이다. 이제 당신이 안고 있는 문제의 본질을 규정하는 데 시간을, 때로는 엄청난 시간을 들여야 한다는 점을 잊지 말기를.

제대로 문제를 규명하지 못한다면 기막힌 해결책을 숱하게 만들어 봐야 무슨 소용이겠는가? 기막힌 해결책을 실행한다 하더라도 조금도 행복해질 수 없다. 가장 먼저 철저하게 문제를 규명해야 하고, 그렇게 하면 당신의 해결책은 훨씬 훌륭한 결실을 맺을 것이다.

15
당신에게 충고할 수 있는 사람은 당신뿐이다

문제―그 성격과 경중에 상관없이―에 대해 다른 사람의 충고를 얻기는 너무나도 쉽다. 대부분의 사람들은 어떤 문제라도 바람직한 충고라고 자신 있어 하면서 기꺼이 충고를 들려주려 한다. 그들에게는 오스카 와일드의 다음과 같은 말을 들려주어야 한다. "할 수 있는 가장 좋은 충고는 그냥 지나치는 것이다. 실제로는 아무 도움도 되지 않기 때문이다." 당신과 가까운 사람들은 대개 당신이 삶을 어떻게 살아야 할지에 대한 나름의 의견을 갖고 있다. 부모님은 당신의 행복과 만족을 위해서 당신이 무엇을 해야 하는지 이야기한다. 형제자매, 은사, 친구, 광고, 신문, 잡지, 텔레비전 쇼도 예외는 아니다.

예를 들면 십대 중반일 때 내 꿈은 교사나 사업가가 되는 것이었다. 불행하게도 나는 어느 교장 선생님의 모호한 충고 때문에 공학에 발을 들이는 실수를 저질렀다. 내가 수학과 물리학에 남다른 재능을 보인다는 이유로 훌륭한 엔지니어가 될 수 있으리라는 얘기였다.

맙소사! 결국 나는 전기공학 학위를 따고 한 회사에서 엔지니어로 일하는 데 10년이 넘는 세월을 바치고 말았다. 전기를 제대로 이해할 기회조차 없었다는 걸 생각하면 철저히 생을 낭비한 셈이다! 게다가 조직 생활에 적성이 맞지 않은 나는 혼자 노트북을 들고 커피숍에 앉아 창조적인 과제를 수행할 때가 가장 행복하고 생산적인 사람이었다.

얼마나 큰 집을 사야 할지, 얼마나 많은 돈을 저축해야 할지, 어떤 경력을 쌓아야 할지, 혹은 어떻게 아이를 양육해야 할지를 결정할 때 다른 사람의 충고를 받아들이려면 극도로 주의해야 한다. 지나치게 많은 사람의 조언을 받아들일 때는 더욱더 그렇다. 덴마크의 속담에는 이런 말이 있다. "모든 사람의 충고에 따라 집을 짓다 보면 결국 집이 기울어진다." 여기서 질문 한 가지가 떠오른다. 다른 사람들에게 받은 충고는 얼마나 유용할까? 특히 공짜 충고라면 더욱 의심스럽다. 화가인 안셀름 포이어바흐는 이렇게 비꼬았다. "누군가가 당신에게 좋은 충고를 해 준다면 그 반대로 실행하면 된다. 십중팔구는 그 반대가 맞는 방법일 테니까." 마크 트웨인도 공짜 충고에 대해 꼬집어 말한 적이 있다. "그 사람은 자신의 설교에 대해 한 푼도 청구하지 않았는데, 아니나 다를까 딱 그만큼의 가치가 있었다."

적어도 금액을 지불해야 하는 충고라면 좀 더 믿을 만하다. 지혜의 말을 해 주는 대가로 비용을 청구하는 사람에게는 그나마 지켜야 할 명성이 있을 테니 말이다. 별 볼 일 없는 충고를 한다면 생계가 곤란해지지 않겠는가? 하지만 공짜로 충고해 주는 사람은 자기의 충고가 나쁜 결과를 낳아도 잃을 것이 없다.

어떤 사람들은 심지어 청하지도 않은 충고를 하며 우리 삶에 끼어드는 요상한 능력을 보이기도 한다. 같이 사는 사람과 헤어지라고 하든, 직업에 대해 이러쿵저러쿵 충고를 하든, 별 상관은 없다. 하지만 그 결정이 전적으로 잘못되었다는 것이 밝혀졌을 때 고통받을 사람은 누구인가? 그 사람이 당신을 위해 새로운 짝을 찾아 주거나 직업을 구해 줄까? 물론 아니다. 우리가 그들의 말을 받아들인 결과로 시달리는 사이, 그들은

즐겁게 자신의 삶을 살아갈 것이다.

다른 사람이 주는 충고는 그들뿐만 아니라 당신에게도 이성적으로 보일 수 있다. 그럼에도 어떤 결정은 이성보다는 직관으로 하는 것이 최선일 수 있다. 결정할 때는 내면의 목소리에 귀를 기울여야 한다. 지나치게 논리적이거나 현실적으로 굴 필요가 없다.

다른 사람의 충고를 지나치게 많이 받아들이는 것은 삶의 책임을 다른 사람의 손에 내맡기는 것이나 다를 바가 없다. 자유롭게 자신의 방식으

로 해야 한다. 그들이 자기 삶에서 얼마나 훌륭한 결정을 내리든 그들이 당신을 대신해 결정을 내리도록 하지 말자.

"원한다면 잘못 생각하라. 그러나 어떤 경우든 자기 자신을 위해 생각하라." 영국 작가 도리스 레싱은 말했다. 다른 사람의 충고를 청하고 숙고하되 스스로 결정해야 한다. 당신에게 주는 나의 최고의 충고는 다른 사람의 충고는 절대 받아들이지 말라는 것이다. 어쨌든 누구도 당신이 할 수 있는 것보다 더욱 현명한 충고를 당신에게 줄 수는 없다.

16
열정적으로 춤추고, 등산하고, 토론하라

법의 과잉은 계속해서 진화하며 언제든 우리를 압도할 수 있다. 하지만 다행히, 몇 살까지만 살아야 한다거나 건강이나 행복이 특정 수준을 유지해야 한다는 법은 아직까지 존재하지 않는다. 수많은 사람들은 이 점을 십분 활용하여 남들보다 더 오래, 더 건강하게, 더 행복하게 산다. 그러나 안타깝게도 게으름만으로 자신의 건강을 해치고 있는 사람도 수두룩하다.

건강이 행복의 중요한 요소라는 점을 감안하면 게으른 사람들은 스스로를 훗날의 불행으로 이끄는 셈이다. 신체적으로 건강하지는 않지만 정신적으로 건강하여 행복을 누리는 경우도 있다. 하지만 그것은 그리 쉽게 얻어지는 것이 아니다. 신체적으로도, 정신적으로도 활발한 상태를 유지하는 것이 행복하기 위한 가장 쉬운 길이다. 신체적, 정신적 건강을 유지하는 것이 만년의 행복을 결정한다고 해도 과언이 아니다.

70대 이상 고령의 나이임에도 정신적, 육체적 건강을 유지하는 사람들이 있다. 그들은 다른 중년들보다 오히려 더 활기차고 기쁨에 넘치는 삶을 살고 있다. 테니스나 하키를 하고, 달리거나 걷거나 등산을 하고, 춤을 추고, 사교 활동을 하고, 열정적으로 토론을 벌인다.

반면에 고작 40대, 50대에 피곤에 절어 보이고, 열정이라고는 전혀 없어

보이는 사람들도 상당수 있다. 그들에게는 아침에 침대 밖으로 나오는 것, 병뚜껑을 돌려 따는 것, 텔레비전을 켜는 것이 커다란 과제가 된다. 중년에 접어 들면서 육체적으로 쇠약해졌을 뿐만 아니라 정신적 활기도 약해졌다. 그들은 부정적이며, 언제나 불평을 늘어놓고, 뭐든 배우려는 시도조차 하지 않는다. 더욱 안타까운 것은 영적인 행복과도 거리가 멀어 보인다는 것이다.

여기서 질문 하나. 당신은 은퇴한 이후에도 신체적, 정신적, 영적 건강을 유지하고 싶은가? 틀림없이 여느 사람들과 마찬가지로 활력을 자랑하는 사람들이 되고 싶을 것이다. 이제는 더 중요한 질문이다. 그러기 위해서 당신은 지금 무엇을 하고 있는가? 이 질문은 30대 후반의 직장 생활을 하는 사람에게도, 60대가 되어 은퇴한 사람에게도 모두 적용된다. 모순적이게도, 활동적이고 건강한 은퇴를 꿈꾸는 사람들은 현재 자신을 그 반대의 상황으로 내몰고 있다. 지나치게 많은 일을 함으로써 수많은 질병의 원인이 될 수 있는 스트레스를 받고 있다. 지나치게 폭식을 하거나, 오랜 시간 텔레비전을 보거나, 운동을 거의 하지 않는 사람들도 있다. 흡연이 암과 심장병, 폐공기증 같은 심각한 건강상의 문제를 야기함에도 담배를 끊지 못하는 사람들도 상당수 있다.

만년에도 건강을 유지하려면 지금 할 수 있는 모든 것을 해야 한다. 지금 건강하다고 해서 그것을 당연하게 여기는 것은 잘못이다. 잃고 난 뒤에야 건강의 중요성을 깨닫는 경우가 허다하다. 때로는 영원히 잃고 난 뒤에야. 일단 건강을 잃고 나면 회복하기 쉬운 방법 따위는 존재하지 않는다.

〈세계보건기구헌장〉에는 건강을 "질병이 없거나 허약하지 않은 것만이 아닌 신체적, 정신적, 사회적으로 완전히 평안한 상태"로 정의하고 있다.

자신이 덜 건강하다고 여긴다면 은퇴 자산의 규모를 늘리는 것보다 건강을 증진하는 데 더욱 많은 시간과 에너지를 쏟아야 한다. 부유하지만 건강하지 못한 상태로 은퇴한다면 좋을 것은 아무것도 없다. 건강하지 않다면 여유로운 생활을 즐길 수도 없다.

그러므로 스스로를 특별히 보살펴야 한다. 아무도 당신을 보살펴 주지 않을 것이므로! 완전히 건강한 상태에 이르렀을 때조차도 건강을 유지하기 위해 시간과 노력을 들여야 한다. 당신의 건강에 책임이 있는 사람은 다른 누구도 아닌 바로 당신이다. 의사나 병원, 보험도 건강에 대해 당신이 하는 만큼의 1퍼센트도 하지 못한다. 당신이 만날 수 있는 최상의 의사 3인방은 언제나 적절한 식사, 운동, 그리고 긍정적인 태도임을 명심하자.

17
자연과의 교감이 최고의 명약이다

매일 받는 일상적인 스트레스를 어떻게 관리하고 해소하는가에 따라 당신은 밝은 불, 깜박이는 불, 아니면 완전히 꺼져 버린 불이 될 수 있다. 우리는 매일의 스트레스가 건강에 얼마나 영향을 미치며 어떻게 병을 일으킬 수 있는지에 별로 관심을 기울이지 않는다. 그러나 기억해 두자. 기분이 처질 때면 자연과 교감하면서 원기를 북돋우는 것이 최상의 방법이다.

때로는 극심한 스트레스로 신경쇠약에 걸릴 지경일 때가 있다. 분노가 숨어 있으면 뇌가 뒤죽박죽된다. 심지어 당신을 정상적인 선로에서 탈선하게 만들기도 한다. 그렇다면 정신과 의사를 만나기 전에 가까운 공원이나 해변, 숲으로 가보자. 자연과 조우하는 것은 여러 질병을 치유하는 최상의 명약이다. 야외에서 걷거나 달리는 것은 처방된 약을 먹거나 맥주 여섯 캔을 들이키거나 텔레비전 앞에 두 시간을 내리 앉아 있거나 폭식을 하거나 의사를 만나는 것보다 스트레스를 해소하고 활력을 불어 넣는 데 도움이 된다.

스트레스로 지쳐 나가떨어질 때까지 기다리지 말자. 요한 옌센은 말했다. "추월 차선의 문제점은 빠르게 반대편에 도착할 수 있다는 것이다." 스트레스가 당신에게 영향을 미치기 전에 의미 있는 방법으로 미리 감지해 내야 한다. 자연과 가까이함으로써 몸과 정신 모두를 이완시켜야 한다.

우리는 자연이 줄 수 있는 많은 혜택을 간과하곤 한다. 자연에서 멀어질수록 세상에서도 더욱 멀어진다. 당신이 조화로운 사람이라면 이런저런 물건이나 자질구레한 것들, 그 밖의 함정들로 가득 찬 방에서 시간을 보내는 것보다 공원이나 숲을 걸으며 한층 만족스러운 시간을 보낼 것이다.

자연을 통해 얻는 것은 비용도 거의 들지 않는다. 피트니스 센터에 등록하는 대신 야외를 체육관 삼아 이용하는 습관을 들이자. 집이나 사무실 밖에 있는 것은 그 자체로도 스트레스의 훌륭한 치유책이 된다. 자연의 소리와 향기, 리듬은 우리를 이완시킨다. 적어도 한 달에 한 번은 일상적인 환경에서 벗어나 하루를 꼬박 야외에서 보내는 기회를 가져 보자. 내가 가장 좋아하는 티셔츠에는 자전거를 타는 산양의 그림이 인쇄되어 있다. 그리고 그 아래에는 멋진 충고가 쓰여 있다. "자동차에서 벗어나자. 걷거나 자전거를 타며 바람을 느끼고, 친구들을 만나고, 야생동물을 만나고 자연의 일부가 되자." 자동차를 타는 대신 자전거를 타고 몇 킬로미터를 달리며 길을 따라 만나는 풍경에, 소리에, 냄새에 스스로를 노출시켜 보자. 차를 타고 갈 때는 미처 경험하지 못한 숱한 것들을 만나게 될 것이다.

여러 조사 결과를 보면 아파트나 집 밖으로 나갈 기회를 왜 자주 만들어야 하는지 그 이유를 알 수 있다. 보통의 집에는 바깥보다 20~30배 많은 오염물질이 있다는 연구 결과도 있다. 건강 전문가들은 심호흡 운동이 건강에 무척 중요하다고 이야기한다. 쾌적한 숲이야말로 심호흡을 할 최상의 장소이다.

자주 자연이라는 큰 그림의 일부가 되어 보자. 기분이 좋아질 뿐만 아니라 삶을 더욱 귀중하게 여길 것이다. 흥미로운 온갖 소리에 귀를 기울이자. 밝고 아름다운 모든 것들에 주의를 기울여 보자. 별을 보고 새를 관찰하고 보트를 타자. 산책을 할 때는 모험도 해 보자. 서로 다른 나무를 껴안아 보자. 야생동물을 추적해 보자. 지금 당장 밖으로 나가 얼마나 새롭고 편안한 느낌이 드는지 느껴 보자! 자연과의 조우는 당신의 정신적 평안과 삶을 향한 심리적 시선에 놀라운 변화를 안겨 줄 것이다.

18
건강하고 멋진 몸이 부럽다면 움직여라

19세기의 이탈리아 작곡가 로시니는 만년에 침상에서 일하기를 좋아했다. 몹시도 게을러서, 악보 한 장이 떨어지면 침대에서 일어나 줍는 대신 한 페이지를 처음부터 다시 썼다고 한다. 무기력함에 대해서라면 오늘날 수많은 현대인들이 로시니와 접전을 벌일 만하다. 건강하고 균형 있는 몸을 원하면서도 활동성이 없는 것은 많은 현대인들의 특징이다. 누구나 건강하고 균형 있는 몸매를 갖고 싶어 하지만 기꺼이 그 값을 치르려는 사람은 많지 않다. 규칙적인 운동에서 얻을 수 있는 엄청난 이득이 있음에도 왜 더 많은 사람들이 활발하게 신체 활동을 하지 않을까? 규칙적인 신체 움직임이 건강과 밀접한 관련이 있음을 알고 있으면서 말이다. 그러나 일주일에 3회 이상 운동하는 미국 성인은 10퍼센트도 되지 않는다.

《USA 투데이》의 최근 기사에는 이런 내용이 있었다. "수년 동안의 연구와 수백만 달러의 비용에도, 신체 활동이 건강과 장수와 멋진 외모의 비결이라는 증거에도, 콜레스테롤과 심장병, 당뇨병, 비만에 대해 알려져 있는 그 모든 정보에도, 사실은 사실로만 남아 있을 뿐이다. 이곳은 게으름 공화국이다!"

밝혀진 대로, 건강하고 균형 있는 몸을 갖는 비결은 장기간의 격렬한 움직임이다. 프랑스의 작가 피에르 조제프 프루동은 이렇게 주장했다. "삶과 건강, 활력의 바탕이 되는 주된 조건은 활동이다. 활동에 의해서 유기체는 그 기능을 발전시키고, 에너지를 높이고, 충만한 운명을 달성할 수 있다."

아주 가끔 시속 7킬로미터의 속도로 자전거를 타거나, 윈도쇼핑을 하면서 15분쯤 어슬렁거리며 돌아다니는 것으로는 멋진 몸을 만들 수 없다. 하버드 대학의 한 연구에 따르면 상당 기간 꾸준히 격렬한 활동을 해야만 건강한 몸을 가질 수 있다고 한다. 격렬한 활동과 장수가 관련이 있음을 규명한 이 연구는 골프 18홀을 도는 것은 격렬한 운동으로 간주하지 않는다. 마찬가지로, 30분쯤 정원 손질을 하는 것도 안 하는 것보다는 낫지만 그렇다고 좋은 몸을 만들어 주지는 않는다. 그로 인한 신체적 혜택은 안 하는 것보다는 낫다는, 딱 그 정도뿐이다.

이득이 있는 것은 사실이지만, 빠르게 걷는 것은 장수하기에 충분한 운동이라 할 수 없다. 벨파스트의 퀸스 대학에서 최근 실시한 연구에 따르면 규칙적인 속보는 몸을 민첩하게 해 주고 기분을 좋게 해 줄 수는 있지만 심장병으로 인한 조기 사망을 예방해 주지는 못한다고 한다. 심장병으로 인한 조기 사망의 위험을 줄일 수 있는 것은 오직 격렬한 운동—조깅, 등산, 의자 오르내리기, 수영, 배드민턴이

나 테니스 등의 라켓 운동, 그리고 온힘을 다해 땅을 일구기-뿐이라는 것이다.

물론 규칙적으로 격렬한 운동을 하는 것은 쉬운 일이 아니다. 그러나 형편없는 건강 상태로 산다면 하루 한두 시간씩 달리거나 자전거를 타거나 수영을 하며 보내는 것보다 훨씬 큰 대가를 치를 것이다. 건강이 나빠지면 삶에서 다양한 즐거움을 즐길 수 없다. 체중이 많이 나가면 야구나 테니스, 하키, 골프, 여행, 섹스와 같은 여가 활동을 즐기기 어렵다. 몸매가 망가졌을 때 탓할 상대를 찾아 주위를 두리번거리지 말기를. 아무리 변명거리를 잔뜩 안고 있다 해도 당신이 그 지경이 된 것은 오롯이

당신 탓이다. 나는 편안한 체중과 몸 상태를 설정하고 그 상태를 유지하기 위해 열심히 운동해 왔다. 자신을 자랑스럽게 여기고 싶다면 당신도 그렇게 해야 한다.

건강하고 균형 있는 몸은 다른 사람의 부러움을 산다. 특히 자기 자신이 대견해진다. 뚱뚱하고 불균형한 몸을 가졌다면 하루아침에 체중을 줄이고 몸을 만들 수는 없다. 격렬한 운동에 시간과 에너지를 투자해야 한다. 그 대가는 상당할 것이다. 비슷한 연령대의 다른 사람들이 그 나이대로, 혹은 실제보다 훨씬 늙어 보일 때 당신은 걸음걸이에 스프링이 달린 듯한 자세로 걸어다닐 수 있게 될 테니까 말이다.

19
마음에도 운동이 필요하다

격렬한 운동은 당신의 신체를 보기 좋은 모습으로 만들어 준다. 마찬가지로 격렬한 정신 활동은 당신의 마음을 좋은 상태로 유지해 준다. 로마의 웅변가 키케로는 말했다. "흐트러진 몸과 마찬가지로 흐트러진 마음에 건강은 불가능하다." 달리 말하면 스스로의 평안을 생각한다면 몸뿐만 아니라 마음에도 규칙적인 운동이 필요하다는 것이다.

연구에 따르면 오늘 필요한 정신 활동을 하지 않을 경우 장차 두뇌는 새로운 것을 습득하고 새로운 도전에 응대할 능력을 잃는다고 한다. 최근 여러 연구에 따르면 활발하게 지속적으로 새로운 것을 습득할 수 있는 두뇌 상태를 유지하면 두뇌의 건강과 기능을 연장하는 데 도움이 된다고 한다.

지적인 도전은 정신을 훌륭한 상태로 유지시킬 뿐만 아니라 더 좋게 한다. 시간이 흐르면 신체적 상태, 즉 외형은 아무리 많은 노력을 쏟아부어도 점차 쇠퇴하게 마련이다. 그러나 우리의 정신은 계속해서 자랄 수 있고, 시간이 지날수록 오히려 더 훌륭한 모습을 갖출 수도 있다.

《마인드맵 시리즈》의 저자이자 인간 두뇌 전문가 토니 부잔은 단순히 시간을 들여 두뇌를 사용하고 확장하는 것만으로도 기억력이 좋아진다고 믿는다. "더욱 많은 것을 배울수록 나이가 들어도 기억은 더욱 뚜렷

해진다." 토니 부잔의 이 말은 60대나 70대가 되어도 새로운 언어를 습득하거나 이탈리아 해군의 역사를 익히지 못할 까닭이 조금도 없다는 뜻이다. 그런 일이 가능하게 하는 데 필요한 것은 오로지 욕구와 동기뿐이다.

새로운 것을 배울 도전의 기회를 박탈하면 당신의 두뇌는 새로운 정보를 판별하고 흡수할 능력을 잃고 만다. 두뇌 태만의 가장 큰 원인은 게으름이다. 여가 시간을 온전히 텔레비전을 보는 데 보내는 것—신체적, 정신적 게으름일 뿐인—으로는 당신의 정신을 활발한 상태로 만들 수 없다. 가수이면서 배우인 베트 미들러는 텔레비전에 등장하는 사람이면서도 집에서는 딸뿐만 아니라 자기 자신에게도 엄격하게 텔레비전 시청을 금지했다. 그녀는 최근 《TV 가이드》와의 인터뷰에서 말했다. "허락할 생각이 없어요. 저는 오래전에 저보다 어리석은 것은 절대 보지 않기로 결심했죠. 결국 큰 도움이 되었죠."

상당 기간 동안 두뇌 운동을 하지 않으면 두뇌 용량이 쇠퇴한다는 이론을 뒷받침하는 연구 결과도 적지 않다. 도전적인 활동을 통한 움직임과 집중적인 관찰은 정신 상태를 건강하게 유지하는 데 도움이 된다. 듀크 대학의 신경생물학 교수인 로렌스 카츠는 늘 하던 활동들을 오감을 모두 사용한 새로운 방식으로 바꿀 것을 주장한다. 바이올린 연주법을 배우거나 새로운 언어를 배울 의사가 없다면, 하다못해 늘 하는 사소한 일을 새로운 방식으로 해 보는 것도 큰 도움이 될 수 있다고 한다.

익숙하지 않은 영역과 활동에 참여하자. 카츠는 공저 《뇌를 위한 에어로빅》에서 이렇게 말했다. "두뇌의 회로를 강화하거나 보전하는 데 도움이 되도록 두뇌 고유의 생화학적 통로를 활성화하고 새로운 통로를 여는 것이 목적이다." 카츠가 제안한 네 가지 활동은 첫째, 친한 친구의 집

에 갈 때 새로운 길로 가 보기. 둘째, 시각이 아니라 촉각으로 옷을 선택하기. 셋째, 책을 반대로 놓고 읽어 보기. 넷째, 오른손잡이라면 왼손으로 이 닦기이다.

두뇌를 최상의 상태로 유지하는 또 다른 방법—독서와 활발한 토론 참여, 체스와 같은 기본적인 활동 등—도 여러 가지 있다. 새로운 장소를 탐험하는 것, 새로운 것을 배우는 것, 새로운 관점으로 새로운 사람들을 만나는 것 역시 은퇴기에 더 큰 기쁨과 만족을 경험하게 할 뿐만 아니라 정신을 자극하는 데 좋은 역할을 한다.

두뇌의 건강한 상태를 유지하는 데 배움보다 더 좋은 방법은 없다. 새로운 지식이든 새로운 기술이든 배움은 정신적 능력을 높인다. 적극적인 학생이 되는 것은 지루함을 극복하는 데 도움을 줄 뿐만 아니라 만년에 당신의 뇌를 최상의 상태로 지켜준다. 빌헬름 폰 훔볼트는 말했다. "진정한 즐거움은 정신의 활동과 신체의 운동에서 온다. 그리고 그 두 가지는 서로 긴밀히 연결되어 있다."

20
삶은 공평하지 않다, 앞으로도 그럴 것이다

사람들이 북적거리는 공공장소에 가 보자. 무슨 얘기를 듣게 될까? 불평, 불평, 불평…… 사방이 불평이다. 이 불평 중 일부가 당신의 것이라면 이제는 그만둘 때다. 늘어지게 앉아서 이런저런 일에 대해—특히 삶의 불공평함에 대해—징징거리는 것보다 더 진이 빠지는 일은 없다. 그만큼 쓸데없는 일도 없다. 진정한 성공과 행복은 징징거리는 사람을 좋아하지 않는다.

절대 다수의 사람들은 삶이 얼마나 불공정한지에 대한 불평과 비난, 다양한 부정적인 행동을 하는 낮은 의식 단계에 뿌리 박혀 있다. 심지어는 미디어도 그렇다. 그 의식 단계는 에너지가 낮으며, 우리를 진정한 성공과 깨달음이 있는 높은 단계로 전진시키지 않고 그 자리에 주저앉도록 만든다.

삶은 불공평하다. 이 말을 들을 때마다 버럭 성을 내지는 말기를. 당신이 기대하는 모습과 현실 사이에 어떤 연계가 있을 거라는 믿음은 당신을 어마어마한 환멸로 이끌 것이다. 기대와 현실 사이에는 아무 관련이 없다는 사실을 받아들여야 한다. 그리고 그것을 최대한 이용해야 한다. 삶에서 당신이 기대하는 것과 얻게 될 것은 전혀 별개이다. 설령 당신이 모든 인류에게 혜택이 되는 무언가를 이루어 낸다고 해도 당신이 기대하는 것처럼 지구상의 많은 사람들이 당신과 함께 있는 것을 기뻐하지 않을 수도 있다.

삶이 공정해야 한다고 믿고 있다면, 아주 사소한 일도 당신에게 심각한 허탈감을 안겨 줄 수 있다. 사장이 경력도 짧고 나이도 어린 웬 게으름뱅이를 승진시켰다고 해서 놀라지 마라. 사실 당신보다 훨씬 나은 사람에게도 더욱 심각하고 부당한 일이 벌어지고 있다. 안타깝게도 훌륭한 사람에게도 좋지 않은 일들이 일어나고 있는 것이다.

우리에게 닥친 문제는 대부분 삶을 이루는 사건들을 어떻게 해석하고 판단하는가에 기인한다. 판단의 목소리는 흑과 백으로 사물을 구분하려 한다. 우리는 사건에 대해 주어진 시간의 95퍼센트를 좋은지 나쁜지, 옳은지 그른지를 판단하며 보낸다.

삶을 보다 즐길 만한 것으로 만들기 위해서는 공정함과 올바름, 정의에 관한 모든 환상을 초월해야 한다. 당신의 계획과 과업에 제동을 거는 일들에 대비하자. 그러나 삶에서 일어나는 예상치 못한 사건들이 당신을 화나게 하거나 기분 상하게 하거나 절망으로 이끌지 못하도록 해야 한다. 불운이 덮치고 일이 제대로 돌아가지 않는 것에 대한 타당한 이유란 존재하지 않는다. 삶은 극도로 비논리적이거나 비이성적일 수 있다. 삶은 정의와 합리, 이상적인 기대와는 아무런 관련이 없다.

때로는 선행을 베풀어도 보답이 없고, 대가 없는 불운으로 고통받고 있다고 여기기도 한다. 그러나 그러한 상황에서 스스로를 극단의 시험으로 밀어넣을 필요는 없다. 영적인 지도자들은 어떤 일이든 일어나는 데는 다 이유가 있다고 입을 모은다. 당시에는 그 이유를 알 수 없어도 우리가 받는 고통은 다 의미가 있다는 것이다. 이 영적인 원칙을 굳건히 고수하면 예상치 못한 사건에 덜 휘둘리게 되고 보다 준비를 갖추어 해결

할 수 있을 것이다.

삶이 공평하지 못하기는 하지만 그럼에도 우리에게는 최선을 다할 의무가 있다. 삶이 당신의 앞길에 던져 주는 것을 더욱 많이 받아들이면 안 좋은 현실 때문에 억울해지는 일도 줄어든다. 누구나 다른 사람 탓에 피해를 본다는 느낌을 가질 때가 있고 부정적인 사건으로 인해 손해를 입기도 한다. 그러나 그와 동시에 다양한 어려움을 다룰 힘과 재능이라는

축복도 받고 있는 것이다.

일단 삶이 공평하지 않다는 사실을 받아들이면 자기 자신과 세상에 한층 평화로움을 느낄 것이다. 물론 삶은 당신의 앞길에 숱한 변화구를 던질 것이다. 그렇다 해도 당신은 홈런을 칠 수 있다. 삶의 시련과 격랑을 더욱 많이 이겨 낼수록 홈런의 개수도 늘어난다. 어쩌면 그 길에서 그랜드슬램을 달성하게 될지 또 누가 알겠는가?

21
기적은 존재하지 않는다

우리는 누구나 자신의 삶을 극적으로 변화시킬 환상적인 사건이나 기적 같은 일이 벌어질 거라고 믿고 싶어 한다. 그 이유는 부분적으로는 현대 사회에서 광고주들이 자기 회사의 상품을 사용하면 멋진 삶이 펼쳐질 것이라는 환상을 심어 주기 때문이다. 그 때문에 뭔가 기적 같은 일이 우리에게 일어날 것이며 그때부터는 아무 문제없는, 영원한 행복을 누리게 될 것이라는 환상에 빠져든다.

우리 사회에는 한 번의 기적을 바라는 믿음이 워낙 만연한 탓에, 빛나는 갑옷을 입은 기사가 당신을 구하러 오는 일은 절대 없으리라는 중대한 현실을 수시로 스스로에게 일깨워 주어야 한다. 다시 말하면 삶에서 당신만 곤경에서 벗어나게 해 줄 기적은 절대 존재하지 않는다.

기적 증후군의 몇 가지 변형된 모습을 살펴보자. 5백만 달러짜리 로또에 당첨만 된다면, 멋진 사람이 나를 좋아하게 된다면, 짜릿하고 벌이도 좋은 일자리를 얻게 된다면 제대로 된 삶을 시작할 수 있을 텐데……. 이처럼 기적 증후군에 감염된 사람들은 실제로는 존재하지 않는, 행복에 이르는 손쉬운 방법을 찾는다. 그리고 그 기적을 기다리며 지금 이 순간의 삶을 제대로 살아가기 위한 노력을 피한다.

안타깝게도 대부분의 사람들은 자신을 샹그릴라에 데려가 줄 기적 같은

일 따위는 없다는 사실을 받아들이려 하지 않는다. 모든 문제를 처리해 줄 환상적인 사건이 벌어지리라고 믿는다. 그것도 영원히! 어린아이였을 때 산타클로스를 믿은 것이나 별반 다를 게 없다. 그때 우리는 산타클로스가 내게 꼭 필요한 선물을 가져다 줄 것이고 그러면 삶이 근사해질 거라고 믿어 의심치 않았다. 그러나 원하는 것을 다 받았어도 행복은 아주 짧았다. 산타클로스는 우리의 바람을 여러 번 채워 주었지만 삶은 더욱더 복잡해지지 않았는가. 당신 역시 여전히 "이걸 가질 수만 있다면 내 앞길은 탄탄대로일 거야."라거나 "이 사건에서 벗어날 수만 있다면 세상에서 제일 행복한 사람일 텐데." 같은 생각들을 품고 있을 것이다. 당신은 이제 다 큰 어른이니 그러한 생각들은 스스로를 속이는 셈이다. 벤저민 프랭클린은 말했다. "당신만큼 당신을 더 자주 속인 자가 누가 있는가?" 자, 과연 당신은 스스로를 얼마나 자주 속이고 있는가? 기적 같은 일이란 터무니없는 환상일 뿐이다. 그리고 마음속 깊은 곳에서는 당신도 그것을 알고 있다. 삶의 모든 문제가 사라지도록 만들어 줄 무엇은 존재하지 않는다.

당신의 기대가 실제로 이루어진, 마땅히 당신을 행복하게 만들어 주었어야 할 사건들을 생각해 보자. 결혼이었을 수도, 꿈에 그리던 집을 사는 것이었을 수도, 혹은 보수가 두둑한 직업을 얻는 것이었을 수도 있다. 스스로에게 솔직해 보자. 당신이 겪은 환상적인 사건이 무엇이었던 당신이 얻은 행복과 만족감은 얼마 지나지 않아 사라져 버렸으리라.

뭔가가 일어나기를 바라는 것과, 그 일이 일어나기를 바라며 자신의 삶을 계획하는 것은 별개이며 후자가 훨씬 삶에 진지하게 마련이다. 많은 사람들이 진정한 자신의 삶을 시작하기도 전에 기적이 일어나기를 기다리고 있다. 그 기적은 결코 오지 않는다. 설령 온다 하더라도 일거에 모든 것을 좋은 방향으로 바꿀 수는 없다. 삶은 지금까지 그래 왔던 방식으로 끝나기 십상이다.

기적 같은 뭔가가 실현될 때까지 삶을 미루지 말아야 한다. 그 기적을 결코 경험하지 못할 수도 있다는 전제하에 장기적인 목표를 세우고 움직여야 한다. 그러지 않으면 지금 당신이 얻을 수 있는 행복과 만족을 제한함으로써 당신 자신을 비참하게 만들어 버리고 말 것이다. 기적에 매달리지 않으면 마음의 자유를 얻을 수 있고, 오늘 당장 자신을 위해 가치 있고 만족스런 목표를 추구할 수 있다.

당신을 곤경에서 벗어나게 해 주는 것은 진정한 자유이다. 두려움과 고난으로부터, 부족과 결핍이라는 착각의 상태로부터의 자유인 것이다. 기적을 바라지 않는 법, 기적을 필요로 하지 않는 법, 기적에 매달리지 않는 법, 기적에 목매지 않는 법을 배우게 되면 당신은 스스로를 곤경에서 구하는 기적 같은 일을 경험하게 될 것이다. 역설적이게도 그때에야 비로소 삶에서 한 번의 기적을 경험할 수 있다. 더 이상 그것을 필요로 하지 않기 때문이다.

22
세상은 당신에게 안락한 삶을 제공할 의무가 없다

작가인 로버트 드 로프는 판타지의 세계에 사는 것처럼 우리는 어느 정도 현실을 흐리는 망상의 세계에 사는 경향이 있다고 지적했다. 기적 같은 일에 대한 믿음은 우리가 집착하는 숱한 망상적 판타지 중 하나이다. 이런 한탕을 믿는 것만큼 심각한 또 하나의 질병은 세상이 자신에게는 안락한 삶을 제공할 것이라는 믿음이다.

삶이 안락할 것이라고 믿는 병은 쉽게 걸릴 수 있는 질병이다. 그리고 초기 치료에 실패하면 고질병이 되고 만다. 이 질병에 사로잡힌 사람들은 세상이 마땅히 자신에게 안락한 삶을 제공해야 한다는 어떤 기대에 근거해 살아간다. 앞서도 지적했지만 세상에 기대하는 바―있는 그대로의 실제 모습이 아니라―에 근거한 삶을 사는 것은 심각한 문제이다. 사실상 그 결과는 참혹하다. 현대인의 상당수가 도박이나 약물, 알코올에 중독되는 까닭도 바로 그 때문이다.

놀라운 것은 사람들이 왜 세상이 자기를 지원해 주어야 하는지 다양한 합리화를 한다는 것이다. 그러나 그것들은 하나같이 거짓된 것들이다. 세상이 당신에게든 누구에게든 안락한 삶을 빚지고 있는 것은 아니다. "세상이 당신을 먹여 살려줄 의무가 있다고 생각하지 마라. 세상은 당신에게 아무것도 빚진 게 없으니까."라는 마크 트웨인의 말에 귀를 기울여

야 한다.

당신 역시도 다른 누군가가 당신 삶에 닥쳐 오는 도전들을 해결해 주리라는 믿음의 함정에 빠져 있을지도 모른다. 당신이 살아가는 방식에 대한 대가를 치르는 것을 포함해서 말이다. 심지어는 다른 누군가가 안락한 생활을 제공해 주기를 기대하면서 그것을 당연시하고 있을지도 모를 일이다. 당신의 안락함과 행복에 눈곱만큼도 반대하지 않는 입장에서 나는 당신이―나에 견주면―그럴 자격이 있으리라는 것까지는 용납할 수 있다. 그러나 안타깝게도, 그런 관점에서 보면 이 지구상의 60억 명이 다를 바가 없다!

마음에 들든 들지 않든, 누구도 당신이나 60억 명의 사람들에게 안락한 삶을 제공해 줄 책임을 지고 있지 않다. 설령 아무 노력 없이 당신이 원하는 것을 얻는 일이 가능하다손치더라도 그게 무슨 상관이란 말인가? 진정한 성공이 아닌 것을. 진정으로 성공을 거두었다는 느낌을 바란다면 성취감을 맛보아야 하고, 자기 자신이 그것들을 가질 만한 자격이 충분하다는 느낌을 받아야 한다.

진정으로 남부럽지 않은 생활이란 당신이 그것을 누릴 자격을 갖추기 전까지는 찾아오지 않는다. "뿌린 대로 거둔다."라고 하지 않는가. 평안한 삶은 스스로에게 잘못된 일을 하고 있는 한 당신을 비켜 가게 마련이며―구태여 말할 필요도 없겠지만―스스로에게 올바른 일을 하고 있을 때는 상대적으로 쉽게 찾아온다.

평안한 삶을 원한다면 자신이 할 몫은 반드시 치러야 한다. 올바른 것이든 잘못된 것이든 당신의 행동은 당신에게 응분의 대가를 가져온다. 당신의 몫을 치르는 데는 시간이 걸린다. 우선 새로운 과제나 목표를 세워야 한다. 돌려받는 것보다 다섯 배, 여섯 배의 투자―돈, 시간, 에너지

등—를 해야 하는 것이다. 후에 당신은 지금 투자하는 것만큼 돌려받음으로써 수지를 맞출 수 있을 것이다.

그러나 결국에는 당신이 지금 투자하는 것보다 열배, 스무배 많은 것으로 돌려받는 최고의 순간이 찾아오게 된다. 그러면 다른 사람들은 당신을 보며, 별 노력을 들이지 않고도 안락한 삶을 사는 운 좋은 사람이라고 생각할 것이다. 그때는 남들이 어떻게 생각하든 신경 쓰지 말고 의자에 기대앉아 편히 쉬면서 스스로를 즐기자.

23
좋은 일은 끊임없이 찾아나서는 자의 몫이다

포르쉐, 메르세데스 벤츠, BMW가 대로를 미끄러져 가는 것을 보면 세상이 마땅히 제공해야 할 좋은 것들은 당신을 비켜 가는 것처럼 생각하기 쉽다. 어쩌면 당신은—내가 가끔 그러는 것처럼—갓 뽑은 빨간 메르세데스나 은색 포르쉐 컨버터블을 동경할지도 모른다. 잘 빠진 새 스포츠카를 소유하는 것이 얼마나 즐거움을 가져올 수 있을지 확인하고 싶다면 그것을 얻기 위해 필요한 일을 해야 한다.

물론 당신은 세상의 모든 것을 살 만큼 돈을 벌 수 없다. 설령 그렇게 된다 해도 사람들이 모두 당신에게 적대적일 것이며, 그걸 보관할 장소를 찾는 것도 불가능하다. 그러나 당신은 세상에서 얻을 수 있는 것에 대해 스스로 한계를 설정해 놓고 있는 듯하다. 항상 원하는 것을 얻을 수는 없지만 생각보다 더 많은 것을 얻을 수는 있다. 성공을 거두었다는 성취감에 꼭 필요한 것이라면 값비싼 스포츠카 역시 얼마든지 가질 수 있는 대상이 된다.

지금까지 얼마만큼의 성공을 거두었든 당신은 더욱 크게 성공할 수 있다. 남들이 보잘것없다고 생각하는 것을 당신은 성공이라고 생각한다면 더욱 큰 성공을 거둘 수 있다. 지금 가진 것—돈, 재산, 성과, 재능 등—들을 획득하는 데 성공했다면 당신이 원하는 더 많은 것들을 얻을 수도 있는 것이다. 긍정적인 마음가짐이 이러한 것들을 성취할 수 있게 한다. 성공을 가로막는 장애물은 세상이 우리가 원하는 것들—즐기면서 돈도 벌 수 있는 환상적인 직업을 포함해—을 기꺼이 내어주리라는 사실을 받아들이지 않는 것이다. 실패에 대한 두려움보다 오히려 성공할 수 있다는 가능성을 두려워하고 있는 듯하다.

정말 희한한 일이지만, 자신이 갖고 있는 부정적인 신념을 저버리기 싫어하는 사람들이 많다. 성공한 사람들의 흠을 잡고, 자신이 처해 있는 환경에 대해 불평을 늘어놓고, 재능 있는 사람을 시기하는 행동은 긍정적인 관점을 희생해야만 가능하다. 낯선 긍정 대신 친숙한 부정의 자리에서 편안함을 느끼는 것이다.

자신이 가진 최대한의 잠재력을 인정하는 것은 삶이 우리 앞길에 던져주는 기회를 활용할 수 있게 한다. 형편없는 성장 환경, 불운, 좋지 않은 건강, 가난, 보잘것없는 교육 등 사회의 피해자라 할 수 있는 사람들도 놀라운 성공을 거둔다. 반면에 숱한 행운, 좋은 집안, 훌륭한 성장 환경, 학벌, 재력, 건강을 가진 사람들이 믿을 수 없을 만큼 엉망인 삶을 살기도 한다.

원하는 것을 더욱 많이 얻기란 조금도 어려운 일이 아니다. 더욱 오래, 더욱 미친 듯이 일하기 때문이 아니다. 그 비결은 지금 지닌 것을 얼마나 효과적으로, 효율적으로 사용하는가와 관련이 있다. 다시 말하면 우리의 재능과 기술, 활용 가능한 자원을 최대로 활용한다는 의미이다.

대부분의 사람들은 게으름 때문에 이런 자원들을 창조적으로 활용하지 못한다. 하지만 그것을 잘 활용하는 사람도 많다. 그렇게 되면 만족과 행복을 포함해 당신이 원하는 많은 것을 얻을 수 있을 것이다. 그것을 활용하지 못한다면 '실패자들의 마을'에서 하루하루 허덕이며 살아갈 뿐

이다. 세상이 부와 보람, 성공, 행복을 척척 안겨 주기를 넋 놓고 앉아 기다리는 사람들에게는 공허함과 패배감만 따르게 마련이다.

게으른 집단의 일원이 되기를 선택한다면 기회를 잘 활용하는 창의적인 집단에 속한 사람들보다 훨씬 쉽게 살 수 있을지는 모른다. 그러나 삶에서 당신의 몫을 포기함으로 인해 창의적인 집단에 속한 이들이 그 몫을 기꺼이 다 챙겨 갈 것이다. 에이브러햄 링컨은 이렇게 단언했다. "좋은 일은 기다리는 사람에게도 오긴 하지만 결국에는 끊임없이 찾아 나서는 자의 몫이다."

24
긍정적인 생각 vs 긍정적인 척

동기 부여 강연가들은 성공과 행복 등 당신이 원하는 것을 얻기 위한 비결로 '긍정적으로 생각하기'를 든다. 긍정적으로 생각하기는 부정적으로 생각하기보다 그 자체만으로도 훨씬 앞서가기 때문이다. 또 현실성 있는 낙관론이 목표를 달성할 수 있게 해 준다는 점은 분명하다. 단, 기억해야 할 것이 있다. 긍정적으로 생각하기는 단순히 긍정적인 생각을 하는 것 그 이상이라는 점을 말이다.

긍정적으로 생각한다는 것을 "된 것처럼 행동하기"라고 믿는 사람들이 적지 않다. 그러나 그런 믿음으로 이룰 수 있는 것은 그다지 많지 않다. 자아 계발과 관련된 웹사이트에 단골로 등장하는 인용문 중에는 "부자인 것처럼 행동하면 당신은 부자가 될 것이다."라는 표현이 있다. 도무지 정체를 알 수 없는 애드넌 코어쇼기라는 사람의 이 말은 정말 터무니없는 소리다. 실제로는 부자가 아닌데 부자인 것처럼 행동한다면 그냥 삼류 연기자가 될 뿐이다. 심지어는 파산 선고 법정에 서는 일이 생길 수도 있다.

뭔가인 척하는 것—부유하거나 유명한 것과 같은—은 망상에 지나지 않는다. 영국 작가 찰스 칼렙 콜튼은 말했다. "어떠어떠한 척하기는 좋은 것이다. 그러나 더 이상 연기가 아닌 것이 될 때가 훨씬 좋은 일이다." 당

신의 낙관론에 경험, 현실 감각, 거기에 '행동'이라 불리는 마법의 요소가 더해진다면 그것은 더 이상 연기가 아닌 것이 될 수 있다.

꿈을 좇는 동안 당신은 스스로 어찌해 볼 수 없는 장애들을 많이 만나게 될 것이다. 그러나 좋은 소식은 당신에게 이러한 장애들을 극복할 능력이 있다는 것이다. 사람은 누구나 고유의 강점과 약점이 있으며, 살아가면서 어느 정도의 도전이 따른다. 이것이 생의 매력 중 하나이다. 우리 모두는 우리를 향해 내밀어진 손길을 지니고 있으며 그것을 어떻게 하면 최대로 이용할 수 있는지 이해하는 것은 삶의 큰 기쁨이다.

성공과 행복으로 가는 길의 걸림돌은 오로지 행동으로만 극복될 수 있다. 꿈을 실현하는 데 있어 상황을 유리하게 돌아가도록 만드는 마법의 시작은 바로 지금 자리에서 벌떡 일어서는 것이다. 요한 볼프강 폰 괴테의 심금을 울리는 표현에서 우리는 큰 교훈을 얻을 수 있다. "할 수 있거나 할 수 있다고 믿는 것이 무엇이든 바로 시작하라. 행동은 그 안에 마법과 숭고함과 힘을 지니고 있다."

비범한 꿈을 갖고 꾸준하게 행동한 평범한 사람들이 결국 비범한 일을 해낸다. 꾸준하게 행동한 결과는 당장은 사소해 보일지라도 결국에는 놀라운 것을 이루어 낸다. 평범함과 비범함, 이 둘의 차이점은 단 한 글자뿐 아닌가.

꿈을 좇는 과정에서 우리는 가치 있는 삶을 만든다는 것이 어려울 수 있다는 사실도 알게 된다. 넬슨 만델라는 "높은 산 하나를 오르고 나면 올라야 할 산이 더욱 많다는 것을 알게 된다."라고 말했다. 안됐지만 천국으로 향하는 손쉬운 일곱 계단 따위는 없다. 삶에서 많은 것을 이루어 내려면 숱한 헌신과 노력, 자신과의 약속이 필요하다. 이 말은 진정한 성공을 얻는 데 필요한 것들이 사람들에게는 지나치게 많다는 뜻이다.

앞으로 나가기가 버겁다고 느껴지면 대개의 사람들은 숨어 버리고 만다. 그러한 무리에 끼어서는 안 된다. 평안하고 만족스러우며 행복한 삶을 살기 위해서는 당신 몫을 해야 한다. 스스로 선택한 목표를 향해 진정으로 헌신해야 한다. 그러지 않으면 동기 부여에 관한 책을 얼마나 많이 읽었든, 얼마나 많은 동기 부여 강좌를 수강했든 상관없이 골치 아픈 문제가 생겼을 때 그대로 주저앉기 십상이다.

성공하기 위해서는 영감을 얻을 수 있는 행동을 해야 한다. 우주는 스스로를 돕는 자를 돕게 마련이다. 이런저런 일은 절대 안 된다고 주절대는 사람이 되지 않는 것, 이것이 당신의 장기적인 관심사가 되어야 한다. 이미 행동에 나서고 있는 성공적인 사람들과 함께하자. 기회를 찾으려고 노력하고, 또 그 기회를 찾았을 때는 최선을 다해 활용할 수 있어야 한다. 야망과 결단력을 갖추고, 목표가 생각만큼 이루어지지 않더라도 실수에서 배울 수 있는 능력을 지녀야 한다.

긍정적으로 생각하는 것만으로는 당신이 원하는 것을 끌어당기지 못한다. 여기에는 신의와 책임이 반드시 뒤따라야 한다. 생활 방식을 좋은 방향으로 바꾸고 싶다면, 창의력을 발휘하여 세상에 차이를 만들어 내고 싶다면, 바로 당신이 이루어지게 해야 한다. 당신에게 동기를 줄 한 사실이 있다. 별로 좋지 않은 지능과 재능을 가진 수백만의 사람들이 성공 게임에서 승리를 해냈다는 것이다. 그들이 해냈으니 당신도 할 수 있다. 단, 행동을 한다면!

25
목적지가 아닌 곳으로 달려가고 있지는 않은가?

당신이 진정으로 원하는 것은 무엇인가? 이 질문은 단순하지만 심오한 의미를 내포하고 있다. 그래서인지 이 질문에 대답하기는 쉽지 않다. 진정으로 원하는 것이 무엇인지 아는 것은 우리 삶을 평안하고 만족스러우며 행복하게 이끄는 첫 번째 조건이다. 우리는 자신이 무엇을 원하는지 정말로 알고 있을까? 미국의 노동운동가이며 정치가인 유진 뎁스는 말했다. "미국인들은 자신이 원하는 것은 무엇이든 가질 수 있다. 문제는 자기가 원하는 것을 모른다는 데 있다."

우리는 자신이 원하는 것이 무엇인지 정확히 깨닫지 못하고 있다. 뿐만 아니라 삶에서 원하는 것들을 창조해 낼 수 있는 자신의 능력도 깨닫지 못한다. 원하는 것을 얻고자 한다면 진정으로 원하는 것에 대해 자신을 속이지 말아야 한다. 유머 작가인 돈 헤럴드는 말했다. "원하는 것이 무엇인지도 모르면서 그것을 얻으려고 스스로를 죽이고 있으니 정말 불행한 일이다."

현대인들은 대부분 자신이 진정으로 원하지도 않는 것을 추구하느라 스스로를 죽이고 있다고 해도 과언이 아니다. 만족스럽고 풍요로운 생활 방식을 추구하기 위해 필요한 가장 어려운 것은 군중에 휘말리지 않고 자신의 꿈에 진실한 것이다. 남들이 똑같이 추구하는 것을 좇는 것은 허

상을 좇는 것이나 다름없다. 남들과 똑같아지는 것은 진정한 자신을 잃는 것이다.

그렇다면 당신이 원하는 것은 무엇인가? 외모가 나아지기를, 더 적게 일하기를, 엄청난 돈을 벌기를, 좀 더 많은 여가를 누리기를, 남들보다 더 중요한 사람이 되기를 바랄 것이다. 나도 마찬가지니까! 보다시피 우리는 모두 공통점이 있다. 그러나 이 바람들은 모든 현대인들이 갖고 있는 것이 아닐까? 문제는 이런 바람이 지나치게 일반적이라는 것이다.

헨리 데이비드 소로는 말했다. "사람들은 자기들이 좇는 것이 물고기가 아니라는 것을 모르는 채 평생토록 낚시를 한다." 당신은 물질적인 소유물을 더욱 많이 가지려고 열심히 일하지만, 어쩌면 당신은 그것을 그다지 원하지 않을지도 모른다. 당신이 진정으로 원하는 것이 우정이라면 필요하지 않거나 원하지도 않는 잡동사니를 사기 위해 진 빠지게 일하면서 삶을 낭비하고 있는 셈이다.

진정으로 원하는 것을 알기란 생각만큼 쉽지 않다. 그저 "나는 행복하고 싶어."라거나 "유명해지고 싶어."라고 해서는 안 된다. 보다 구체적이어야 한다. 지금으로부터 5년 뒤에 어디에 있고 싶은가? 뉴욕, 파리, 암스테르담, 아니면 위스콘신의 라인랜더? 지금으로부터 5년 뒤에는 무슨 일을 하고 싶은가? 항해, 연기, 노래, 교육, 글쓰기?

잠시 한숨 돌리고 자신이 무엇을 원하는지 명확히 정리해 보자. 만족스러운 삶을 얻기 위한 비결은 시간을 들여—한 시간에서부터 며칠, 혹은 몇 주가 걸릴 수도 있다—자신이 진정으로 원하는 것을 결정하는 것이다. 원하는 것을 명확히 할수록 그것을 당신의 세계에 끌어들이기가 수월해진다. 원하는 직업, 살고 싶은 장소, 친밀한 관계 등 당신에게 중요한 것들을 낱낱이 적어 보는 것도 좋다. 자, 남들과 다른 나만의 고유한 삶을 만들기 위해 당신이 진정으로 원하는 것이 무엇인가?

원하는 것을 정했으면 이제는 온 세상에 선언할 차례다. 남다른 부와 성공을 이루어 낸 잭 캔필드와 같은 오늘날의 스승들은 말한다. 원하는 것을 선언하고 그것을 얻기 위해 행동하면 그것은 당신 쪽으로, 당신은 그것 쪽으로 움직일 수 있도록 우주에 기운이 흐른다고.

당신은 무엇을 원하는가? 당신이 꿈꾸는 직업은 무엇인가? 생각만 해도 미소가 지어지는 일은? 이제는 실패하지 않는다면 무엇을 시도하겠는가? 마음속에 특별한 목표가 없다면 하루하루 그저 떠돌 수밖에 없다.

그러나 자신이 원하는 것과 어떻게 그것을 얻을지에 대한 구체적인 생각을 가지고 있으면 더욱 많은 것을 얻고 즐기게 될 것이다.

자신이 달성하고픈 것을 애매한 덩어리로 가지고 있기 보다는 구체적이고 실질적인 목표를 세워야 한다. 반복해서 말하지만 원하는 것을 늘 얻지 못하는 까닭은 자신이 진정으로 무엇을 원하는지를 알지 못하기 때문이다. 전설적인 동기 부여 강연가 지그 지글러의 말대로 "목표로 정한 적 없는 목적지에 닿는 것은 생전 가 본 적도 없는 곳에서 돌아오는 것이나 다름없이 어려운 일"이다.

26
구하라, 그러면 얻을 것이다

자신이 진정으로 원하는 것이 무엇인지 알았다고 하자. 하지만 그것만으로 다 해결되지는 않는다. 당신이 원하는 것에 직업적, 개인적, 애정과 관련된 것, 혹은 창조적인 변화가 들어 있다면 당신에게는 타인의 도움이 절실히 필요할 수 있다.

삶의 가장 기본이 되는 진실 중 하나는 "구하라, 그러면 얻을 것이다."이다. 다시 말하면 우주는 원하는 것을 달라고 하는 사람들에게 반응을 보인다. 세상의 많은 사람들은 오로지 달라고 하지 않았다는 이유만으로 꿈꾸던 것들을 얻지 못한다.

꿈꾸는 것이 무엇이든 누군가가 당신에게 가져다주기만을 하염없이 기다리는 것으로는 그 무엇도 얻을 수 없다. 사람들은 대놓고 달라고 하면 무례한 것이 아닐까 하는 생각에 요구하지 못하는 경우가 많다. 그러면서도 대부분—전부는 아니라도—은 여전히 기적 같은 행운, 초대, 연봉 인상, 라디오 인터뷰, 데이트, 혹은 용서를 기다리고 있다.

우리는 말하지 않아도 남들이 자기 마음속 바람을 알 거라고 기대하고는 원하는 것을 굳이 드러내지 않는다. 그러다가 원하는 것을 상대가 주지 않으면 맥이 빠져서 "어떻게 그럴 수가 있지? 내가 뭘 원하는지 모른단 말이야?" 하고 생각한다. 이런 불평은 아무 결과도 얻지 못한다. 자신이 원하는 것을 요구할 수 있어야 더욱 만족스런 삶을 살 수 있다.

우선 스스로에게 허락을 구하고 그다음에는 자신이 원하는 것을 실제로 얻을 수 있도록 해야 한다. 당신이 바라는 것을 누군가에게 청해야 한다는 데 죄책감을 느껴서는 안 된다. 자신이 그럴 자격이 있다는 것을 믿어야 한다. 미안한 마음을 갖지 말자. 당신 스스로가 그것을 누릴 만한 자격이 없다고 생각한다면 상대방 역시 이를 눈치챌 것이다. 상대가 기꺼이 줄 수 있도록 자신 있게 청하자.

그러나 무언가를 요청하기 전에 우선 그 사람이 그것을 당신에게 줄 수 있는지를 확인해야 한다. 어떤 사람은 품성이 좋아 기꺼이 도우려 할 것이다. 어떤 사람은 당신에게 줄 능력이 되지 않을 수도 있다. 그럴 능력이 없는 사람에게 요청하느라 시간을 낭비할 필요는 없다.

당신이 필요한 것을 줄 수 있는 힘, 지위, 돈, 에너지, 시간, 매력, 혹은 전문성을 갖춘 사람에게 달라고 해야 한다. 당신이 원하는 것을 줄 수 있는 사람은 기꺼이 도움을 줄 것이다. 당신과 마찬가지로 그들은 남을 돕고 싶어 하며 그렇게 하는 데 보람을 느낀다. 그러나 그들도 당신의 속마음을 읽을 수는 없다.

무엇을 얻으려면 당신도 그 보답으로 무언가를 주어야 한다는 점도 잊지 말아야 한다. "당신은 살아

가면서 원하는 것을 뭐든 얻을 수 있다. 그리고 남들에게도 그들이 원하는 것을 얻을 수 있도록 도와줄 수 있다면." 지그 지글러의 말이다. 상대가 당신이 바라는 것을 주었다면, 그 혜택을 입은 당신이 어떻게 성공을 거두는지도 세상에 보여 줘야 한다. 놀랍게도 당신이 살아가면서 무언가를 필요로 할 때면 그것을 줄 누군가가 틀림없이 나타나게 되어 있다. 그러나 당신의 생각을 진실되게 이야기하지 않는 한 남이 당신의 마음을 읽을 재간은 없다. 뭔가를 바랄 때마다 분명하고 또렷하게 이야기하자. 당신이 그것을 원하는지 그렇지 않은지 의심을 품게 만들어서는 안 된다. 추측하도록 놔두는 것은 성급한 결론에 이르게 하는 셈이다.

단 한 번의 요청으로 원하는 것을 언제나 얻을 수 있다고 기대해서도 안 된다. 때로는 몇 번이나 반복해서 요청해야 할 수도 있다. 열 번, 스무 번 요청하기 전까지 당신의 진실성을 깨닫지 못하는 사람도 있을 것이다. 이런 방식으로 요청했을 때 성공을 거두지 못했다면 다음에는 다른 방식으로 요청해야 할 수도 있다. 대부분의 일은 여러 가지 방식으로 달성될 수 있는 법이다. 마찬가지로 원하는 것을 달라고 하는 방법에도 여러 가지가 있을 수 있다. 그중 가장 좋은 방법을 찾았을 때는 계속해서 그 방법을 고수하도록 하자.

삶의 기쁨 중 하나는 많은 사람들이 기쁜 마음으로 당신에게 도움을 줄 수 있게끔 요구하는 능력을 키우는 것이다. 요구의 횟수가 늘어날수록 더욱 능숙해질 것이다. 그리고 당신이 진정으로 원한다면 요구의 횟수가 늘어날수록 더욱 많은 도움을 받게 될 것이다.

27
기대가 적을수록 행복해진다

작가 마거릿 티첼은 다음과 같은 중요한 질문을 던졌다. "무화과 나무에 무화과가 열리는데 왜 놀라는 것일까?" 이에 대한 하나의 심오한 대답은 안타깝게도, 우리가 전혀 다른 무언가 예를 들면 무화과 대신 다이아몬드 같은 보석이나 현금을 기대하기 때문이라는 것이다. 사실, 기대가 지나칠 때 현실은 그 기대를 냉혹하게 무너뜨리는 습성이 있다.

기대는 삶에서 가장 큰 실망의 원인이 된다. 불교는 충족되지 않는 욕망과 기대가 불행을 낳는다는 것을 가르쳐 준다. 더 많이 기대할수록 더 깊은 불행을 겪을 가능성이 크다. 좋은 것을 얻게 되었을지라도 감사하는 마음을 지니지 못하는 것이다.

따라서 자신의 기대를 매순간 점검해 보아야 한다. 당신이 기대하는 가장 멋진 것들은 정작 당신을 원하지 않을 수도 있다. 기대가 지나칠 때 당신이 원하는 것과 얻게 될 것은 전혀 별개의 것이 되고 만다.

살면서 새로운 것을 바라는 건 잘못이 아니지만 너무 필사적으로 바라다가는 스스로를 실망과 낙담의 길로 몰아넣을 수 있다. 백만 달러짜리 복권에 당첨되는 것을 간절히 바란다면 삶에서 계속 불행을 맛보게 될 것이다. 이것은 현실에 가면을 씌우고 무책임한 판타지로 만들어 버리는 망상적 사고의 대표적인 예이다.

삶에 대한 기대가 적을수록 삶의 질은 더욱더 높아진다. 틀림없이 그렇게 된다. 선종의 사상가들은 우리가 물질을 필요로 하지 않을수록 더욱 자유로워진다고 가르친다. 다시 말해 뭔가에 대한 욕망을 없애는 것은 그것을 소유하는 것만큼이나 훌륭하다는 뜻이다. 이로써 골칫거리가 덜어진다!

충족감은 언제나 맛볼 수 있으며, 더 얻으려면 애초에 기대를 낮추는 것만큼 좋은 방법이 없다. "아무것도 기대하지 않는 자에게 축복이 있으리라. 결코 실망하는 일도 없을 테니." 조너선 스위프트는 말했다. 문제는 '우리가 필요로 하는 것과 우리가 원하는 것'이라는 데에 있다. '반드시 가져야 하는 것'과 '갖고 싶은 것' 사이의 경계가 어디인지를 알아야 하는 것이다. 겉보기에 '반드시 가져야 하는 것'처럼 보이는 대부분의 것들―현실적으로는 그다지 필요가 없는 것들―에는 상당한 시간과 에너지, 비용이 들어간다.

보다 큰 그림으로 보면 세상의 많은 것들이 실제로는 그다지 중요하지 않다. 그런데도 중요한 소수의 것들을 희생하면서 중요하지 않은 것만 좇는 것은 커다란 실수이다. 실제로 우리에게 정말 필요한 것은 얼마 되지 않다는 사실을 알아야 한다. 당신은 갖고 싶은 것과 극소수의 필요한 것으로 이루어진 피조물이다. 지금껏 당신의 삶에는 필요한 모든 것이 제공되었다. 너무도 뻔한 일이다. 그렇지 않았다면 당신은 이미 저 세상 사람일 테니까!

당신의 마음은 가장 큰 재산일 수 있지만 그만큼이나 당신을 속일 수도 있다는 점을 기억하기를. 마음의 장난은 당신이 갖고 싶은 모든 것이 당신에게 필요하다고 믿게 만든 것이다. 마음이 장난을 치도록 내버려 둔다면 건강, 독립심, 자존감, 평안 모두를 희생해야 할 것이다. 충만하고 만족스러우며 행복한 삶 역시 희생해야 한다.

원하는 것을 모두 갖겠다는 기대를 품을 때 삶은 언제나 당신을 속이는 것처럼 보일 것이다. 행복이 당신을 찾아오기를 넋 놓고 기다리면서 망상과 다름없는 꿈을 꾸는 것이다. 세상은 당신을 중심으로 돌아가지 않는다. 당신의 생각보다 훨씬 큰 그림이 존재하게 마련이다. 버트런드 러셀이 지적한 대로 "원하는 것이 모두 충족되지 않은 상태로 지내는 것이야말로 행복에 꼭 필요한 부분"이다.

바라는 것을 조절하지 못하면 결코 행복해질 수 없다. 당신이 저지를 수 있는 최악의 실수는 모든 것을 가질 수 있으리라는 기대—광고주들은 그렇게 믿기를 바라고 있다—이다. 그러나 당신이 모든 것을 가지리라 기대할수록 언제나 아무것도 가진 게 없는 것처럼 느껴질 것이다. 반대로 아무것도 없이 행복해지는 법을 배우면 당신은 모든 것을 가진 것처럼 느끼게 될 것이다.

28
자신이 가진 것을 원하면 언제든 원하는 것을 얻을 수 있다

경제학자들이 말하길, 사람들은 만족을 모르는 욕구를 지니고 있다고 한다. 만일 그렇다면 행복은 누구도 얻을 수 없을 것이다. 그러나 세상에는 남들보다 훨씬 행복하고 만족을 느끼는 사람들이 존재한다. 그들은 분명 자신의 욕구를 조절할 줄 알거나, 이미 삶에서 바라는 것 대부분을 지니고 있는 사람들이다.

당신이 원하는 곳에 가닿는 최고의 방법은 이미 갖고 있는 것을 원하는 것이다. 적게 바랄수록 더욱 자유롭고 행복해질 수 있다. 이런 관점에서 한 무명의 현자는 말했다. "성공은 원하는 것을 갖는 것이다. 행복은 가진 것을 원하는 것이다." 불교에서도 같은 가르침을 준다. "자신이 가진 것을 원하면 원하는 것을 언제든 얻을 수 있다."

예부터 수많은 현자들은 가진 것에 감사할 줄 알아야 한다고 충고해 왔다. 감사하는 마음이 우리를 더욱 평안하게 한다는 과학적 증거도 있다. 얼마 전 캘리포니아와 마이애미 대학에서 실시한 연구에 따르면 날마다 스스로에게 감사함을 되새기는 사람들은 그렇지 않은 사람들에 비해 정신 건강에서 눈에 띄는 차이를 보였고, 일부는 신체적 건강에서도 같은 결과를 보였다.

《성격 사회심리학 저널Journal of Personality and Social Psychology》에 실린

연구 결과를 보면 건강한 대학생들과 불치병을 앓는 사람들의 경우에도 이는 마찬가지다. 주차 공간 부족 같은 골칫거리를 일일이 세고 있는 사람들에 비해 작은 것에 감사할 줄 아는 사람들은 삶에 대해 훨씬 좋은 관점을 가지고 있었고 한층 낙관적이었다고 한다. 다시 말해 그들이 훨씬 행복했다는 것이다.

적은 것을 가지고 있음에도 삶에서 엄청난 즐거움을 얻는 사람들이 있는 반면, 많은 것을 가지고 있음에도 삶에서 좀처럼 즐거움을 얻지 못하는 사람들이 있다. 이처럼 행복은 얼마나 많이 가졌느냐가 아니라 가진 것을 얼마나 즐기느냐에 의해 좌우된다. 남들이 가진 것을 바라보며 그것을 갖지 못한 자신을 가난하다고 여기는 것은 어리석은 일이다. 많은 이들이 갖지 못한 것을 당신이 가지고 있으므로 스스로가 부자라고 생각해 보자.

삶에는 나쁜 일보다는 좋은 일이 열 배쯤 많이 일어나게 되어 있다. 그러므로 삶에 대해 불평하기보다는 삶의 경이에 대해 감사하며 지내야 한다.

우리가 가진 것이 얼마나 많은지 깨닫기 위해서는 큰 것들보다 작은 것들에 주의를 기울여야 한다. 한 무명의 현자는 말했다. "우리들 모두가 엄청난 상을 다 받을 수는 없다. 노벨상이나 퓰리처상, 오스카상, 토니상, 에미상 등과 같은 것들 말이다. 그러나 누구에게나 삶의 소소한 즐거움이라는 상을 받을 기회는 얼마든지 있다. 어깨 토닥여 주기, 볼에 키스하기, 6킬로그램짜리 민물고기, 보름달, 때마침 비어 있는 주차 공간, 쩍쩍 소리 내며 갈라지는 화톳불, 맛있는 식사, 찬란한 일출, 뜨끈한 수프, 차가운 맥주……. 굉장한 상에 연연하지 말고 소소한 즐거움을 만끽하자."

지금 가진 것에 감사하는 마음은 행복을 경험하는 가장 강력한 방법 중 하나이다. 좋은 것들에 감사를 표하면 좌절을 기쁨으로 바꿀 수 있다. 건강, 집, 친구들, 부모님에 대해 감사의 마음을 가져 보자. 무엇에 대해 감사하든 당신은 어마어마한 풍요 속에서 살고 있음을 깨닫게 될 것이며 자신의 우월한 위치에 행복을 느끼게 될 것이다.

가진 것에 대해 감사를 표현하는 것-신에게나 다른 대상에게나-은 매

일매일의 의식이 되어야 한다. 이미 가진 것에 대해 더욱 자주 감사를 표현할수록 필요로 하거나 원하는 것은 더욱 적어진다. 신선한 커피의 향긋한 향, 얼굴위로 느껴지는 산들바람, 고양이의 가르릉 소리 같은 당연하게 여겼던 것들에서 새로이 감사할 점을 찾아보자. 일몰을 지켜보는 것이나 장미의 향기를 맡는 것에 싫증 내지 말자. 다시 한 번 말하지만, 이미 가진 것을 원하면 언제든 원하는 것을 얻을 수 있다.

29
당신은 이미 백만장자다

마크 트웨인은 그의 놀라운 지혜를 다음의 말 속에 담았다. "수천의 천재들이 발견되지 못한 채 살다 죽는다. 스스로에 의해서든 남들에 의해서든." 수많은 사람들이 천재성을 발휘하지 못하는 까닭은 좋아하지 않는 일에 시간을 낭비하기 때문이다. 대부분 회사는 혹시라도 인재를 잃을까 하는 두려움으로 직원들이 천재성을 깨닫게 도와주지 않는다.
내가 천재라고 일컫는 사람은, 자신의 창의성을 꺼내 이용한다면 세상에 커다란 차이를 만들어 낼 잠재력이 있는 사람들이다. 안타깝게도 대다수의 사람들은 조직, 교육단체, 창의성을 억압한 사회 탓에 자신이 얼마나 창의적인지 깨닫지 못한다. 사실 사람들은 누구나 훨씬 더 창의적일 수 있고, 그렇기 때문에 한층 성공적인 삶을 누릴 수 있다.
창의적인 성공에는 두 가지 원칙이 있다. 하나는 일반적인 것, 다른 하나는 상세한 것이다. 일반적인 원칙은 모든 사람이 창조적인 능력을 갖고 있으며 뛰어난 일을 해낼 수 있다는 것이다. 상세한 원칙은 거의 대부분의 사람들이 일반적인 원칙에서 예외가 되기를 자청한다는 것이다. 달리 말하면 삶에서 성공을 거두는 데 반드시 필요한 요소인 창의성을 일깨우는 데 시간과 노력, 사고력을 들이는 사람이 거의 없다는 뜻이다.
사람들은 스스로가 정해 놓은 한계 탓에 잠재된 창조성을 절반도 발휘

하지 못한다. 슬프게도 상당수의 사람들은 너무도 오랫동안 창조적이고 싶은 욕망과 능력 모두를 억압했다. 그 결과 스스로를 창의적이지 못하다고 생각한다. 혹시 당신도 그중 한 사람이 아닐까?

스스로에게 혹은 다른 사람에게 "이걸 해낼 창의력이 있으면 얼마나 좋을까?" 하고 한탄한 적이 몇 번이나 있는가? 우리 개개인은 일상생활에서 겉으로 보이는 것보다 훨씬 많은 창조성을 갖고 있다. 그러나 대부분 깨닫지 못하거나 혹은 사용하기를 꺼려한다. 그런 식으로 우리가 허비하는 잠재력은 엄청나다. 우리의 창의성을 부정하는 것은 세상에 대고 거짓말하는 것이다. 더욱 나쁘게는 스스로에게 거짓말하는 것이기도 하다.

창의적인 사고를 잘 사용한다면 기적으로만 보이던 일을 성취하게 해 준다. 더욱이 창의성에 행동까지 더해진다면 그것은 건강과 부, 행복을 얻는 쉽고도 확실한 방법이 된다. 또한 빠르게 움직이고 끊임없이 변화하는 세상에서 조화를 경험하게 해 주는 귀중한 도구가 된다.

빠르게 변화하는 세상에서 진정한 성공을 거두고 싶다면, 당신의 가장 귀중한 자산이 직업이나 집, 혹은 은행 계좌가 아님을 깨닫자. 가장 귀중한 재산은 바로 당신의 창의력이다. 창의적인 정신이 있어야 어떤 문제든 해결할 수 있기 때문이다.

자신의 창의성을 일깨우고 그 과정에서 모두가 원하는 재화나 서비스를 제공받을 수 있다면 얼마든지 사람들이 부러워하는 삶을 살 수 있다. 사실상 창의력은 이용하는 것보다 억누르는 편이 더 어렵다. 누구나 뭔가 혁신적인 것을 만들어 내고 싶은 내재된 욕망을 갖고 있게 마련이다. 모두의 내면에는 세상에 차이를 일으킬 놀라운 것을 해낼 수 있는 창의적인 존재가 숨어 있다.

당신의 창의력이야말로 가장 큰 재산이다. 다시 말하면 당신은 이미 백만장자이다. 당신의 창의성이 그렇게 만들어 줄 테니까! 그러므로 삶에서 진정한 성공을 거두고 싶다면 내면의 천재성을 깨닫고 혁신적인 자세를 가져야 한다.

30
빨리 달리는 자는 넘어지게 마련이다

어떤 사람은 인내심을 "자신의 참을성 없음을 감추는 기술"이라고 정의한다. 만일 그렇다면 참을성이 없음을 감추는 데 아주 능숙한 편이 낫다. 다시 말하면 인내심의 정의가 어떻든 인내심을 기르는 편이 낫다는 뜻이다. 대부분의 분야에서 성공과 실패를 결정하는 것은 인내심이다.
인내심은 종교와 영적 활동에서 중요한 덕목으로 다루어진다. 그러나 이 덕목을 현대인에게서 찾기는 매우 힘들다. 만일 당신의 타고난 덕목에 인내심이 들어 있지 않다면 반드시 만들어야 한다. 그러나 성급하게 시도하지는 말기를! 당신 스스로 자신이 끈기 있는 사람이 아니라는 점을 알고 있을 테니. 그렇다고 해도 걱정할 것 없다. 아주 조금만 속도를 늦추는 법을 배우자. 인내심은 삶에 대해 조금은 느슨하게 다가갈 줄 아는 사람들에게 다가오는 법이다.
인내심이 있다는 말은 멋진 일이 일어나기를 넋 놓고 앉아 기다린다는 뜻이 아니다. 인내심은 초조해하거나 성내지 않고 기다릴 수 있는 능력이며, 어려움에 맞닥뜨렸을 때 꾸준히 나아가면서 땀 흘릴 수 있는 능력이다. 로마는 하루아침에 이루어지지 않았다. 무엇보다도 인내심은 노력이 결실을 맺기를 기다릴 줄 아는—중도에 그만두지 않고—능력이다. 가치 있는 무언가를 이루고 달성하려면 시간이 걸리게 마련이다. 그렇기 때문에 인내심이 모자란 사람은 많은 것을 이루어 내기 어렵다. 현대인들은 어디서든 즉각적인 보답을 기대하는 경우가 많다. 새 차, 좋은 직업, 높은 소득, 부유한 동네에 자리 잡은 으리으리한 저택, 커다란 평면 텔레비전, 값비싼 사치품, 그리고 착한 아이들이 있는 행복한 결혼생활 등등. 이 참을성 없는 현대인들에게는 즉각적인 보답도 지나치게 오래 걸리는 것처럼 느껴지곤 한다.

참을성 없는 사람은 그들이 가려는 곳에 좀처럼 다다르지 못한다. 설령 닿는다고 해도 지나치게 이르거나 너무 늦었을 때이다. 급하게 밀어붙일수록 이루어지는 것은 더욱 적어진다. 그들에게 삶은 시간에 대항하는 경주와 같다. 성공을 추구하면서도 진정한 성공을 얻기 위해 무엇이 필요한지 명확히 파악하지 못하고 있는 것이다. 액셀러레이터에서 발을 떼고 운명이 제 길을 가도록 놔둬야 하는 상황이 있다는 것을 배우지 못한 탓이다. "현명하게, 천천히. 빨리 달리는 자는 넘어지게 마련이다."라고 윌리엄 셰익스피어는 말했다.

인내심이 부족해 삶에서 온갖 문제가 생겨날 수 있다는 점을 마음에 새겨 두기를. 심지어는 삶 그 자체도 잃을 수 있다! 미국에서는 매년 4만 5천 명이 넘는 사람들이 자동차 사고로 목숨을 잃는데, 그중 상당수가 운전자의 조급증 때문이다. 허둥지둥하고 있을 때마다 "대체 왜 이리 서두르고 있는 걸까?" 하고 자기 스스로에게 물어보기 바란다. 그런 다음 "여유를 갖고 살자!" 하고 이야기하기를. 길을 건너는 데 추가로 들이는 20~30초의 시간이 당신이나 다른 누군가에게 20~30년의 삶을 더해 줄 수 있다.

어떤 성과가 보이지 않는다며 안달하게 될 때는 스스로 생각을 바로잡아야 한다. 세상에 당신의 속도를 강요하기는 불가능하다. 사건의 자연

스런 흐름을 받아들여야 할 때 속도를 높이는 것은 화를 자초하는 셈이다. 휴 프레이더는 충고했다. "일이 일어나도록 내버려 둘 때와 일이 일어나도록 만들 때가 있다." 지나치게 빠른 것은 지나치게 느린 것보다 훨씬 해로울 수 있다. 긴박하게 보이는 일도 실제로는 그렇지 않은 경우가 허다하다.

성공으로 향하는 길에는 수많은 고랑과 우회로가 있다. 그곳에서 신기록을 세우려고 하지 마라. 당신이 저지르는 큰 실수 중 하나는 지나치게 서두르는 데서 온다. 서둘러 움직이는 사람이 당장은 우위에 있는 것처럼 보일지도 모른다. 그러나 인내심을 가지고 열정을 조절할 수 있다면 언젠가 당신이 그들을 앞서게 될 것이다.

당신이 언제나 서두르고 있다고 생각한다면 인내심의 기술을 키워라. 참을성이 없으면 걱정과 근심, 두려움, 환멸, 그리고 계속적인 실패를 얻게 된다. 반면에 인내심이 있으면 자신감과 관대함, 그리고 삶에 대한 건강한 인식을 얻을 수 있으며, 결국 세상에서 극소수만이 얻는 진정한 성공을 거둘 것이다. 여기서 진정한 성공이란 다름 아닌 평안하고 만족스러우며 행복한 삶이다.

31
기회는 계속해서 문을 두드린다

당신은 세상에 큰 차이를 만들어 내기 위해 지구상에 보내졌다. 그리고 이를 증명할 수 있는 기회는 당신 주위에 널려 있다. 만일 당신이 전 세계가 벌떡 일어날 정도로 주목할 만한 일을 하고 싶다면 전혀 예상치 못한 시기에 난데없이 불쑥불쑥 솟아나게 마련인 기회를 최선을 다해 활용해야 한다.

기회를 '감지하는' 첫 타자가 된다는 것이 당신의 은행 잔고에 어떤 의미가 될지는 당신도 잘 알고 있을 것이다. 전자책을 판매하는 웹사이트를 최초로 시작해 한 달에 2만 5천 달러를 벌게 되었다면, 예전처럼 여전히 온종일 직장에 매여 있겠는가? 당연히 아닐 것이다. 그럴 필요가 전혀 없을 테니까!

찾는 것이 인터넷상의 기회이든 아니면 문제의 해결책이든 자신의 창의적인 힘을 과소평가하지 말자. 생각하자! 생각하자! 생각하자! 또 생각하자! 충분히 생각했다고 믿어 의심치 않게 되었을 때 더욱 생각해 보자. 윈스턴 처칠이 말한 대로 "결코, 결코, 결코, 결코, 결코, 결코 포기하지 마라." 백만 달러짜리 아이디어는—당신이 진정으로 원한다면—당신의 두뇌 어디엔가 언제나 들어 있다.

많은 사람들이 요즘의 세상에서는 더 이상 성공할 기회를 찾기 힘들다고 말한다. 한마디로 터무니없는 얘기다. 값을 치르고 싶지 않은 사람들, 혹은 단조로운 일상만을 되풀이하기를 바라는 사람들이 입에 올리는 변명일 뿐이다. 보 베닛은 말했다. "기회를 찾을 수 없는 유일한 곳은 닫힌 마음을 가진 사람의 내면뿐이다." 기회를 잡아 뭔가를 하기보다 그저 질펀하게 주저앉아 기회가 없음을 한탄하는 편이 훨씬 쉽다. 많은 사람들이 기회가 없다고 불평할 때야말로 자신이 포착한 기회를 최대한 활용할 수 있는 때이다.

기회를 찾기 위해 멀리 여행을 떠날 필요는 없다. 최고의 기회는 언제나 자신의 집 뒤뜰에 있지 지구 반대편 남의 집 뒤뜰에 있는 것이 아니다. 그러니 열심히 찾아보아야 한다. 랄프 왈도 에머슨은 이렇게 지적했다. "신은 그분 곁 아주 가까운 곳에 둠으로써 숨기신다."

아마도 당신은 좋은 시력을 갖고 있지만 주위에 널려 있는 기회를 발견하는 데 있어서는 맹인이나 다름없는 사람들 중 한 명일지 모른다. 때로 눈으로는 잘 보이지 않지만 직관으로 보면 명확하게 보일 수도 있다. 어쩌면 보기 위해 눈을 감아야 할 수도 있다.

기회를 활용하는 또 다른 비결은 성공한 사람들이 말하는 기회에 대해 바짝 귀를 기울이는 것이다. 무엇이든 중요한 것—포착하는 데 고작 1분밖에 걸리

지 않는—은 대다수 사람들이 집중하는 시간보다 45초쯤 늦게 포착된다. 한 번에 2분씩 집중하는 법을 배우면 당신은 주체할 수 없을 정도로 많은 기회를 갖게 될 것이다.

사실 오늘날에는 그 어느 때보다도 기회가 넘쳐흐른다. 엄청난 기회도 적지 않고, 소소한 기회는 그야말로 지천이다. 지나치게 소소해 보인다는 이유만으로 기회를 무시하는 것은 실수이다. 소소한 기회가 엄청난 잠재력을 갖고 있는 경우가 허다하니 말이다. 엄청난 일이 벌어지기 전까지 좀처럼 알아차리지 못하는 것일 뿐이다.

기회는 예상하는 것보다 훨씬 자주 문을 두드린다! 대부분의 사람들은 기회를 놓치고 있는 것이다. 그렇지 않다면 이용하지 않는 것이거나. 토머스 에디슨은 말했다. "대개의 사람들이 기회를 놓치는 까닭은 그 기회가 작업복 차림을 하고 있으며 일처럼 보이기 때문이다." 달리 말하면 기회의 문이 열리기를 바란다면 문을 열기 위해서는 당신의 몫을 해야 한다는 뜻이다. 기회와 함께 책임도 따라오게 마련이니까.

제대로 보기만 한다면 바로 지금 이 순간 당신 주위에는 백 가지도 넘는 흥미롭고 신나는 기회가 널려 있다. 시간이 흐르며 새로운 기회도 계속해서 찾아온다. "기회의 문 하나가 닫힐 때면 또 다른 문이 열린다. 그런데 우리는 닫힌 문만 오래도록 바라보다가 우리를 위해 열린 다른 문을 보지 못하곤 한다."라고 헬렌 켈러는 말했다. 놓쳐 버린 기회는 잊고 지금 주위에 있는 것들에 초점을 맞추자. 명심하라, 기회는 자주 문을 두드린다!

32
성공률을 두 배로 높이려면 실패율을 두 배로 높이면 된다

성공과 행복에 이르기 위해 어느 길을 택하든 당신은 숱한 장벽과 고난을 극복해야 한다. 실패도 경험해야 한다. 그러나 올바른 시각을 가지고 있다면 실패에서 긍정적인 측면을 발견할 수 있다.

가치 있는 모든 것에는 위험이 따르게 마련이고, 삶의 모든 분야에서 그러한 위험은 직접적인 대가로 이어진다. 일반적으로 위험이 높을수록 그 대가도 크다. 세속적인 성공을 바라든 아니면 당신만의 진정한 행복을 바라든 당신은 기꺼이 위험을 감수해야 한다. 그중 가장 큰 위험은 바로 실패이다.

실패 없는 성공은 있을 수 없다. 여기에 예외는 없다. 게다가 무슨 일이든, 전반적으로 성공을 거둔다 해도 완벽한 백 퍼센트의 성공은 없다. 그러나 숱한 장벽과 실패에 대비할수록 성공할 확률은 높아진다.

실패는 패배자를 결국 승리자로 만든다. 실패는 삶에서 얻을 수 있는 최고의 교육이다. 전쟁에서 승리하려면 몇 번의 전투에서는 패배할 줄 알아야 한다. 엘버트 허바드는 말했다. "진짜 실패자는 실수를 저지르고 그 경험에서 아무것도 얻지 못하는 사람이다." 성공을 거두기를 바란다면 기꺼이 실패를 맞아들여야 한다.

진정한 성공을 거둔 사람들은 창조적이고, 실패를 기대하며, 계산된 위험을 감수한다. 사실상 성공으로 가는 길에는 언제나 실패가 따르게 마련이며, 그 실패는 많은 사람들이 믿고 있는 바와 달리 우리에게 무척이나 이롭다. "우리는 허울과 과장의 시대에 살고 있다. 성공은 우리의 인간성을 빼앗는 무엇인가가 있는 반면에 실패는 우리가 진정으로 누구인지를 일깨워 준다." 아카데미상을 수상한 감독 노먼 주이슨의 말이다. 내 경험상 성공의 비결은 보통 사람이 감내하는 것보다 훨씬 큰 실패를 경험하는 것이다. 그러면 성공하지 못했을지라도 대략 중간은 갈 수 있다. 그리고 어떤 일에 실패했을 때 당신이 그럴 줄 알았다고 하는 비웃는 사람이 언제나 있게 마련이다. 그렇다 하더라도 많은 사람들이 그러하듯 실패에 압도당하지 말기를.

아마도 이러한 패턴을 당신도 잘 알고 있을 것이다. 실패, 실패, 실패, 실패, 성공! 실패, 실패, 실패, 실패, 성공! 성공을 얻기 전에 누구나 수많은 실패를 겪게 된다. 어쩌면 성공으로 가는 길은 실패로 포장이 되어 있다 해도 과언이 아니다. 그러니 성공률을 두 배로 만들려면 실패율을 두 배로 만들면 된다. 삶은 때로 이렇게 쉬운 법이다. 그렇지 않은가?

제대로 되는 게 아무것도 없을 때가 있다. 하지만 모든 것이 끝난 것은 아니다. 오히려 정반대다. 즐거움과 안락함이 가득한 한 달보다 심각한 문제와 어려움으로 온통 둘러싸인 하루에서 더욱 많은 것을 배울 수 있다. 가장 작은 행복에 감사하자. 텍사스에서는 돈을 잃어버린 사람이 그 일을 여기저기 자랑하고 다닌다! 사실 자신의 실패를 자랑스레 떠벌이는 것은 그 책임을 모두 감내한다는 뜻이기도 하다.

큰 성공을 거두려면 당신의 이름으로 더욱 많은 실수를 떠안아야 한다. 한 번의 실패는 성공으로 향하는 길에 한 발짝 발을 들인 것일 수도 있다. 그렇게 백 번의 실패를 겪고 나면 목적지에 도착해 있을 것이다. 무

엇보다도 실패를 너그럽고 유머 있게 받아들일 줄 알아야 한다. 발명 특허 하나를 위해 4만 달러가 넘는 돈을 잃고 난 뒤 마크 트웨인은 이렇게 선언했다. "난 오래도록 혐오한 한 남자와 파멸시키고 싶은 그자의 가족에게 그 돈을 줘 버렸다."

어떤 중요한 일이 제대로 되지 않을 때마다 절망하지는 말기를. 영적인

측면에서 보면 실패는 지나치게 많은 성공이 한꺼번에 일어나지 않도록 배려하는 우주의 순리이다. 실패는 또한 성공을 거두었을 때 기쁨을 만끽할 수 있도록 해 주는 우주의 순리이기도 하다. 한마디로, 실패 없는 삶은 당신을 가치 있는 그 어느 곳에도 데려다 주지 못한다. 그러나 숱한 실패를 겪은 삶은 그와는 정반대가 된다.

33
타협에는 호된 대가가 따른다

오늘날 많은 사람들은 돈이나 권력, 명예를 얻기 위해서라면 불법적이고 부도덕하고 비윤리적이고 혐오스런 일이라도 주저하지 않는다. 배우자에게 거짓말하고, 고용주를 속여 뒷돈을 챙기고, 강도짓을 하고, 죄 없는 사람에게 상해를 입히고, 힘없는 어린아이를 납치하고, 자기 아이를 팔고, 낯선 사람과 섹스하고, 돈 몇 푼에 친지를 죽게 만들기도 하는 것이다.

큰돈을 받을 요량으로 자기 영혼을 팔 생각을 하는 사람들도 있다. 조심스러움이라고는 조금도 없이 손쉽게 잘살아 보겠다며 자기 영혼과 분리될 준비를 갖춘 사람들이 많다. 그러다 보니 영혼은 별 가치 없는 것으로 전락해 버린다.

대놓고 영혼을 팔 수는 없다고 해도 많은 사람들은 속임수와 기만을 부나 권력, 명예를 얻을 수 있는 방법으로 여긴다. 우리는 마음속으로 이렇게 물을지도 모른다. '도덕에 눈감아서 돈이 생긴다면 가끔씩 그러는 거야 뭐 그리 해롭겠어?' 하지만 이에 대한 대답은 언젠가는 엄청난 해를 입게 된다는 것이다.

어떤 일에서든 거짓말이나 속임수, 기만을 통해 돈, 권력, 명예를 얻을 기회가 많다 하더라도 가장 좋은 방법은 강직한 태도를 갖는 것이다. 강직함은 친구, 친지, 배우자, 동료 들과 좋은 관계를 유지하는 바탕이 된다. 개인적인, 그리고 직업적인 관계에서 최대의 만족을 얻으려면 명예와 좋은 성품을 버려서는 안 된다.

강직함을 버리고 싶은 유혹도 많겠지만 그런 유혹은 단호하게 거부해야 한다. 돈, 권력, 명예를 노리고 강직함과 타협한다면 훗날 크나큰 대가를 치르게 될 것이기 때문이다.

우선 업보 때문이라도 정직하지 못한 행동을 해서는 안 된다. 우리가 남에게 하는 행동은 결국에는 어떤 방식으로든 우리에게 돌아온다. 강직함이 설령 당장 성공을 희생시킨다 해도 모든 면에서 정직하게 살아야 한다.

우리 자신에게 진실해야 할 이유가 또 있다. 모든 소중한 가치는 굳건히 지키고 따를 때 비로소 의미 있는 것이다. 따라서 언제나 양심에 따라 정직하게 행동하는 것이 필수이다. 그 대가는 삶에서 성공을 거두기 위해 남을 등치지 않아도 된다는 데서 오는 마음의 평화이며 만족감이다.

이러한 도덕적 우월성은 우리의 규범이 되어야 한다. 이 규범에서 벗어나기 위한 어떤 합리화도 있을 수 없다. 여기저기에 사소한 거짓말을 늘어놓는 것만으로도 문제가 발생한다. 예전에 한 작은 거짓말 때문에 이제 진실을 말한다고 해도 아무도 당신을 믿지 않을 때가 온다. 프리드리히 니체는 그 점을 절묘하게 말했다. "나를 분노케 하는 것은 당신이 내게 거짓말을 했다는 사실이 아니라 더 이상 당신을 믿을 수 없게 되었다는 사실이다." 키케로도 같은 말을 했다. "거짓말쟁이는 설령 진실을 말한다고 해도 믿기지 않는다."

상당한 어려움이 예상되더라도 올바르고 정직하게 행동하자. 결국에는 훨씬 우월하고 크나큰 보답을 받게 될 것이다. 성공과 돈을 향한 지나친

욕심은 정당화할 수 있는 범위보다 한층 더 우리의 성품을 파괴한다. 다른 사람을 이용해서가 아니라 다른 사람에게 도움이 되는 방법을 통해 돈을 벌고 성공을 얻도록 하자. 거울을 보면 당신의 삶에서 가장 골칫거리를 일으키는 사람이 보일 것이다. 거기에 심술궂은 악당의 이름까지 더하고 싶은가?

평판에 귀를 기울이자. 평판은 성공과 행복에 있어 무척이나 중요하다. 한 번 옳은 것에서 떨어져 나가면 다시 원래의 자리로 돌아가기 어렵다. 딱 한 차례 강직함을 버리고 타협할 뿐이라고 생각하겠지만, 결국은 두 번, 세 번 되풀이해 타협하고 만다. 그렇게 되면 이미 지적한 대로 평판이 나빠지고 믿음도 잃게 된다. 뿐만 아니라 그 무엇보다도 크나큰 손실인 스스로에 대한 자긍심도 잃게 될 것이다.

34
돈 없이도 멋지게 살 수 있다

돈, 돈, 돈. 사실상 모든 사람들이 떼돈을 벌고 싶어 한다. 분명, 우리 사회에서 돈보다 소중하게 여겨지는 것은 아무것도 없다.

돈은 삶의 모든 영역을 건드린다. 사용할 수 있는 돈의 정도는 인간관계, 우정, 집, 여가, 건강의 질에 영향을 미친다. 상상력을 활용한다면 금전적인 자원을 이용해 삶에 안락함과 즐거움을 더할 방법은 많다. 그러나 이처럼 경이로운 힘을 가졌음에도 불구하고 돈은 우리에게 끔찍한 절망감을 안겨 주기도 한다. 더 많은 돈을 가질수록 더욱 행복해지리라는 믿음, 이것은 거의 모든 사람들의 행동에 영향을 미치는 근본 원리와 충돌한다.

사실상 돈은 당신이 만드는 것이다. 당신이 누구든―그리고 마음가짐이 어떠하든―돈은 당신이 원하는 어떤 것이라도 될 수 있다. 악의 근원이 될 수도 있고, 모든 것의 해답이 될 수도 있으며, 당신의 호주머니를 줄줄 새게 만들 무언가가 될 수도 있고, 자유의 수단이나 흥미로운 개념이 될 수도 있다. 심지어는 어리석음 그 자체까지도!

그렇다면 당신에게 돈은 무엇인가? 자신만의 고유한 정의를 내려 보면 돈에 대해 더 잘 알게 될 것이다. 당신의 대답이 무엇이든 축하한다! 선승들에 따르면 당신은 틀리지도, 그렇다고 옳지도 않다. 다시 한 번 말하건대, 돈은 당신이 만드는 것이다.

당신이 어떤 가치를 부여하든 그것에 대해서는 당신이 책임을 져야 한다. 만약 돈이 당신에게 악이라면 당신이 돈을 악하게 만든 것이다. 돈이 당신에게 문제가 된다면 당신이 그렇게 만든 것이다. 만약 돈이 당신에게 기쁨이라면 이 개념도 당신이 만든 것이다. 스스로의 개념에 책임을 지자. 그리고 그것들은 다만 개념에 불과하다는 것, 그 이상도 이하도 아니라는 점을 명확히 하자.

사실 개념은 우리의 삶을 상당히 좌우하곤 한다. 문제는 대부분의 개념은 현실이 아니라는 것이다. 개념은 환영이다. 환영은 갖가지 모습을 띤다. 환상적인 계획, 오류투성이 믿음, 혹은 특별한 욕망일 수도 있다. 현실과 혼동되는 환영은 자유를 향하는 길이 아니다. 스스로의 삶을 이러한 환영—특히 돈에 대한 환영—으로 채우는 것은 자신의 삶을 슬픔으로 채우는 것이나 다를 바가 없다.

주위를 찬찬히 둘러보자. 당신보다 재정적으로 형편없는 사람들이 수두룩하다. 그러나 그들 중 일부는 당신보다 훨씬 행복하다. 아마도 당신은 이렇게 생각할 것이다. '분명히 이 사람들이 정신이 나간 걸 거야.' 그럴 수도, 그렇지 않을 수도 있다. 어쩌면 아예 서로 가야 할 길이 다를지도 모를 일이다.

동시에 당신보다 훨씬 많은 돈을 갖고 있으면서 당신보다 행복하지 못한 사람들을 찾을 수도 있다. 다시금 당신은 이렇게 생각할 것이다. '이 사람들은 정신이 돌았나 봐.' 그 사람들은 정신이 돈 것이 아닐 수도 있다. 그 모든 부로도 행복할 방법을 찾지 못한 것뿐이다. 행복에는 비단 돈 이상의 무엇이 있기 때문이다.

돈은 말을 하지 않고 다만 속삭이기에 사람들은 이해하기 어렵다. 상당

한 돈을 갖고 있으면 해결될 수 없는 것을 제외하고 모든 문제를 해결할 수 있다. 그리고 도무지 믿기지 않는다는 사람들을 위해 다시 말하지만, 현금을 많이 지니면 오히려 그전보다 문제가 훨씬 많이 생긴다.

돈은 선하지도, 악하지도 않다. 돈이 많은 게 잘못된 것은 아니다. 다만 돈이 자기만족과 마음의 평화를 보증하리라고 기대해서는 안 된다. 돈에서 기대하는 행복이 적을수록 돈에서 얻을 수 있는 혜택은 훨씬 많아진다.

이탈리아의 속담에 귀를 기울여 보자. "돈을 충실한 종으로 만들어라. 그러지 않으면 군림하는 주인이 될 테니까." 다시 말하면 돈을 좌우하는 법을 배우지 못하면 돈이 당신을 좌우하게 된다는 뜻이다. 소설가인 헨리 필딩도 비슷한 이야기를 했다. "돈을 신으로 만들면 돈은 악마가 되어 당신을 괴롭힐 것이다."

돈을 보다 나은 관점으로 바라볼 수 있는, 돈에 관한 세 가지 원칙이 있다. 첫째, 돈이 삶의 중심이 된다면 당신이 얻을 수 있는 것은 오로지 돈뿐이다. 둘째, 돈 한 푼 없는 사람이 가난할지는 몰라도 돈밖에는 아무것도 가진 것이 없는 사람만큼 가난하지는 않다. 셋째, 풍요로움은 얼마나 많은 돈을 가지는지의 문제가 아니다. 현재 갖고 있는 돈이 얼마든 그것으로 행복해질 수 있는지의 문제이다.

친구들이 당신을 상당히 부유하다고 여기는 데도 불행한 기분이 든다면 당신에게는 더 이상 금전적인 자원이 필요한 것이 아니다. 당신에게 절실하게 필요한 것은 영혼의 활기이다. 깨달은 선승에게서 머리를 한 대 얻어맞는 것이거나!

돈과 좋은 관계를 맺는 데 도움이 될 만한, 돈에 관한 원칙 세 가지를 더 소개하겠다. 첫째, 돈을 버는 법에 관한 새롭고 창의적인 아이디어가 고

갈되기보다는 돈이 고갈되는 것이 낫다. 둘째, 돈을 펑펑 쓰다 보면 돈을 펑펑 써야만 좋은 시간을 보낼 수 있다는 사고에 갇히기 쉽다. 셋째, 돈의 가치는 그것으로 얼마나 많은 것을 살 수 있느냐가 아닌 돈을 얼마나 창의적으로 사용할 수 있느냐에 달려 있다.

만일 당신에게 재정적인 문제가 끊이지 않는다면 이 점을 기억하자. 돈을 자유자재로 활용하기 위해서 특별한 재능이 있어야 하는 것은 아니라는 사실을 말이다. 단지 쓰기 전에 벌어야 한다. 그리고 죄다 쓰기 전에 적어도 10퍼센트는 저축해야 한다. 이 단순한 원칙을 따르면 금전적인 어려움을 덜 겪게 될 것이다. 그리고 대부분의 사람들이 삶을 통틀어 얻지 못하는 성숙함도 얻을 수 있을 것이다.

무엇보다 돈이 없어도 환상적인 세계를 얼마든지 경험할 수 있다는 점을 기억하자. 될 수 있는 대로 많은 돈을 버는 것이 삶의 목표가 되게 하지 말자. 대신 돈이 얼마나 있든 상관없이 될 수 있는 대로 삶에서 많은 것을 얻어 내겠다는 목표로 바꾸자. 그렇게 하면 자기 자신과 자신의 꿈을 사랑하고 소중히 여기는 법을 배웠음을 온 세상에 보일 수 있게 될 것이다.

35
더 많은 돈이 더 많은 행복을 가져다주지는 않는다

현대 사회에서 돈은 사람들에게 행복의 필수불가결한 요소처럼 보인다. 따라서 돈과 행복과의 관계를 제대로 살펴보는 것은 무척 중요하다. 삶에서 안락함과 즐거움을 얻는 데 돈이 중요한 역할을 한다는 데는 이견이 있을 수 없지만, 행복해지기 위해 얼마나 많은 돈이 필요한가는 생각해 볼 문제이다.

돈이 우리에게 많은 것을 해 줄 수 있는 것은 사실이지만, 우리는 자주 돈이 우리의 삶을 지나치게 좌지우지하도록 내버려 둔다. 그렇게 된 이유는 대부분의 사람들이 돈에 대한 진실을 깨닫지 못하는 데 있다. 일부는 실제로 모르고 알고 싶지도 않아 하며, 일부는 그 진실을 알면서도 모른 척한다.

사람들은 숱한 반대 증거에도 기존의 돈에 대한 신념, 태도, 추정을 기어코 고집한다. 돈에 대한 진실을 받아들이면, 일확천금에 대한 환상이 무너질 수 있기 때문이다. 돈에 대한 진실을 외면하는 것은 우리를 돈에 묶어 두고 삶을 즐길 수 없게 한다.

자신을 둘러싼 환경이나 개인적인 생각이 시간이 흐르며 변화하면 돈과의 관계 역시 변해야 하지만 우리는 충분한 시간을 들여 돈의 진정한 가치를 생각하지 않는다. 보다 영적인 관점에서 보면 돈은 전혀 다른 의미

를 지닐 수 있다. 새로운 방식으로 돈에 접근하면 돈과 관련된 기존의 많은 믿음이 어리석다는 것을 깨닫게 된다. 어쩌면 조지 버나드 쇼의 말에 찬성하게 될지도 모른다. "상당한 돈을 얻을 정도로 영리하려면 그것을 바랄 정도로 멍청해야 한다."

더 많은 수입을 얻는 것이나 더 많이 저축하는 것은 삶의 질을 오히려 떨어뜨리는 함정이 될 수도 있다. 더욱 많아진 현금은 대체로 물질을 소유하기 위한 잦은 소비로 이어진다. 또 이런 것을 유지하는 데는 시간과 돈이 더욱 들게 마련이다. 물론, 카드로 구입한 경우라면 개인파산을 면하기 위해 더욱 많이 벌어야 하는 고통도 따른다.

돈이 많아지면 노예 생활과 근심이 아닌 보다 큰 자유와 안정감이 생겨야 마땅하다. 그러나 여러 연구에 따르면 금전적으로 남들보다 우월한 위치에 놓이는 것이 근심을 떠안을 수 있다고 한다. 절친했던 이들과의 단절, 이혼으로 재산을 잃게 되는 고통, 돈을 빼앗길 것에 대한 두려움을 낳을 수 있는 것이다.

돈을 벌면서 나 역시 재산을 갖는 것이 일종의 짐이 될 수 있다는 사실을 깨달았다. 목돈을 굴리는 일은 걸핏하면 실망을 안겨주고 시간만 잡아먹는 결과를 내곤 한다. 어디에 맡겨야 할까? 투자 전략은 얼마나 자주 바꾸어야 할까?

누구나 돈을 필요로 하지만 부를 추구하는 것은 귀중한 시간, 더욱 중요하게는 독립성을 빼앗아갈 수 있다. 사람들이 시샘하듯 앞다투어 돈을 좇는 한 가지 이유는 돈에 대한 어리석은 믿음 탓이다. 역사를 통틀어 수많은 현자들이 돈으로는 행복을 살 수 없다고 경고했건만 우리는 이 지혜를 무시한다. 희생이 따르는 것을 알면서도 재산이 늘면 행복이 뒤따를 것이라고 믿어 의심치 않는다. 더 많은 돈은 더 많은 행복을 가져온다는 신념은 자신의 회계 장부에 가혹하기 짝이 없는 감사를 실시하게 한다.

돈은 가슴이 진정으로 바라는 것을 살 수 없으며 보이지 않는 가치도 살 수 없다. 행복해지는 데 필수 불가결한 것은 당신의 가슴이 진정으로 바라는 것이며 당신이 볼 수 없는 것이다. 마음의 평화, 사랑, 성취감, 영적 충만감 등이 바로 그런 것들이다. 많은 부유한 사람들이 이 같은 행복의 요소를 갖고 있지 못하며, 금전적으로 아무리 우월한 위치에 놓이더라도 이런 것들을 살 수는 없다.

하다못해 건강도 살 수 없다. 물론 돈이 양질의 건강 관리를 받게 해 줄 수는 있다. 특히 공공보건을 잘 갖추지 않은 미국 같은 곳에서는 더욱 그렇다. 그러나 한 번 건강을 잃고 나면 아무리 돈을 들여도 건강을 다시 살 수는 없다. 좋은 건강에는 올바르게 사는 것과 즐길 만한 일―어마어마한 달러와 수많은 소유물이 아니라―이 필수적이다.

잠시만 생각해 보면 돈이라는 범주를 넘어서서 행복에 기여하는 보다 사적인 요소들을 찾을 수 있을 것이다. 이미 이야기한 것들을 제외하고도 진정한 친구, 유머감각, 좋은 성격, 자긍심, 강직함, 창의력, 자존감, 감정적인 안정감 등을 목록에 올릴 수 있을 것이다. 물론 단잠도.

이 모두가 행복의 재료인데 이것들을 돈으로 살 수

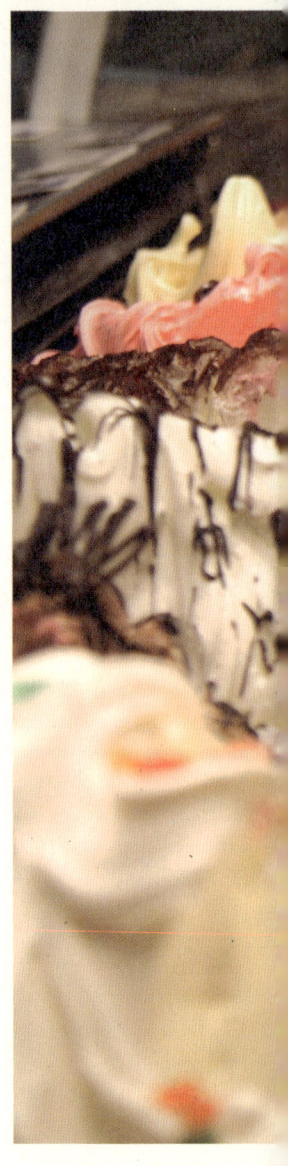

없다면 결론적으로 행복은 돈으로 살 수 없는 것이다. 이 점을 이해했다면 행복과 돈 사이의 관계를 끊기가 한결 수월해진다.

물론 극단적으로 가난할 경우(굶주린다거나 노숙하는 처지 같은)라면 돈이 훨씬 나은 삶을 가져다 줄 수 있다. 그러나 일정 정도 이상이면—흔히들 생각하는 것보다는 그다지 높지 않은—더 많은 돈이 곧 더 큰 행복으로 바뀌지는 않는다. 오히려 반대로 돌아간다. 더 많은 행복이 더 많은 돈을 가져다주는 것이다! 달리 말하면 아주 적거나 거의 없는 돈으로 행복해지는 법을 배우고 나면 돈은 한층 수월하게 당신의 삶에 들어온다는 뜻이다.

터무니없다고? 천만에! 앞서 언급한 돈으로 살 수 없는 행복의 재료들로 돌아가 보자. 시간을 들여 앞서 이야기한 재료들을 발전시켜 나간다면 당신도 이 세상에서 가장 행복한 한 사람이라고 자신 있게 말할 수 있다. 그리고 그 요소 하나하나는 당신이 더 많은 돈을 벌 수 있도록 도와줄 것이다.

만약 행복의 요소를 이미 지니고 있다면 당신은 상당한 수입을 올리기에 충분한 자격—사회의 절대다수보다 훨씬 더—을 갖춘 셈이다. 아직 지니고 있지 못하다면 발전시켜 보자. 그러면 더 많은 돈을 버는 데 필요한 것들을 갖추게 될 것이다. 물론 그때라면 행복해지기 위해 더 이상 돈이 필요하지 않을 테지만.

36
돈이 없다고 가난한 것은 아니다

물질 중심의 세계에서 풍요로움은 안타깝게도 돈이나 소유물들과 불가피하게 관련되어 있다. 그러나 진정으로 풍요로운 사람들에게 풍요로움이란 원래의 순수하고 근원적인 의미를 뜻한다. 풍요로움의 영어 단어 'prosperity'는 '희망과 활력'을 뜻하는 라틴어 'spes'에서 기원한 말이다. 진정으로 풍요로운 사람에게 풍요롭다는 것은 바로 이 순간 긍정적이고 행복한 것을 의미한다.

진정한 풍요로움은 돈이 많든 적든 수월하고 행복한 삶을 사는 것이다. 나는 울타리의 양편에 모두 서 본 경험이 있다. 3만 달러가 넘는 부채를 진 무일푼이어서 집세를 내느라 돈을 빌려야 하던 때가 있었다. 영하 10도의 추위 속에서 겨울 밤 이틀을 차 안에서 잠을 자는 눈물겨운 경험을 한 적도 있다. 그래도 아직 최악은 아니었다. 마이크 토드가 말한 대로였으니까. "나는 가난한 적이 없었다, 다만 돈이 없었을 뿐. 가난함은 마음의 상태이다. 무일푼인 것은 일시적인 상황에 지나지 않는다."

그로부터 몇 해가 지난 지금 나는 상당한 돈을 벌게 되어, 버는 것보다 훨씬 적은 돈을 쓰면서 남는 수입을 재테크하고 있다. 한 번 이상 무일푼이 되어 보니 현재 누리고 있는 금전적인 상황에 더욱 감사하는 마음을 지니게 되었지만, 사실 나는 무일푼이었을 때도 지금이나 별반 다르

지 않은 풍요로움―때로는 더욱 큰 풍요로움―을 느끼곤 했다.

예를 들어 세계적인 베스트셀러가 된《일하지 않는 즐거움》을 쓴 해에 나는 엄청난 빚을 지고 있었지만 희망과 활력, 다시 말해 진정한 풍요로움을 느끼고 있었다. 나는 그 책에 대한 느낌이 너무 좋아 이 책이 "나한테 한 백만 달러쯤 벌어 줄 거야." 하고 몇몇 지인들에게 말했던 것을 기억한다. 결국 지금까지 그 책은 그 액수의 절반가량을 벌어 주었으며 여전히 내가 깨어 있든 자고 있든 꽤 짭짤한 수익을 올려 주고 있다. 저축도, 수입도 없었을 때 내가 풍요로움을 느끼지 못해 글을 쓰고 자비출판을 하지 않았더라면 불가능했을 일이다.

영적인 지도자들은 풍요로움이란 살아가면서 올바른 것을 추구할 때 오는 것이라고 가르친다. 그런 의미에서 진정으로 풍요로움을 느끼려면 몸담고 있는 직장에서 어쩌면 영원히 떠나야 할지도 모를 일이다. 풍요로움과 자유는 서로 손을 잡고 오는 것이기 때문이다. 어떤 이들에게 이 말은 최소한 어느 정도의 기간은 상당한 수입을 포기해야 한다는 뜻이기도 하다.

대개의 사람들은 직장을 떠나면 그 대신 무엇을 갖게 될지 두려운 마음에 안정된 일자리를 포기하지 못한다. 자신의 한계에 대한 잘못된 믿음은 자유를 얻지 못하게 우리를 막아 세운다. 그러나 불평도, 희생자 게임도 이제 그만! 자신의 개성을 더욱 사랑할수록, 삶과 일에 대해 더욱 큰 사랑을 가질수록, 당신은 더 많은 돈을 끌어당길 것이며 그 돈을 쓰는 데 즐거움을 느낄 것이다.

자신이 풍요롭다고 믿는다면, 결국 풍요롭고 돈 걱정 없는 세상을 경험할 것이다. 돈에 대해 의식적으로 걱정을 하거나 혹시라도 돈이 떨어지지 않을까 두려워 전전긍긍하다 보면 결국 큰 부를 만들어 낼 수 없다.

꿈꾸던 직업을 위해 따분하기 짝이 없는 일자리를 그만둔다고 해도 먹고 살기에 돈이 부족하지는 않을 거라는 믿음을 갖도록 하자.

당신은 더 큰 풍요로움을 느끼기 위해 그리고 더 큰 자유를 위해 안정된 직업을 떠나 불안정한 일자리, 좀 더 낮은 보수의 일을 감수해야 할지도 모른다. 사실, 더욱 큰 풍요로움을 느끼고 싶다는 것이 더욱 많은 돈을 벌어야 한다는 뜻은 아니다. 때로는 오히려 더욱 적은 돈을 버는 것을 의미할 수도 있다.

풍요로움은 재산이나 재정 상황과는 관련이 없는 감정적 상태이다. 침실 20개짜리 맨션에서 사는 돈 많은 사람보다 방 한 칸짜리 오두막에서 사는 시골 사람이 더욱 풍요로울 수도 있다. 구두쇠들은 어마어마한 돈을 평생 끌어안고 있을 것이고, 돈을 펑펑 쓰는 사람들은 가진 것은 뭐든 써 버릴 것이다. 풍요로움을 느끼기 위해 이 두 가지 중 어느 쪽을 선택해야 하는 것은 아니다. 그러나 안정되고 보수가 높은, 출퇴근하는 일자리는 포기해야 할 수도 있다. 그 과정에서 당신은 영적으로 성숙해질 수 있을 것이다.

37
우리는 원하지도 않는 물건을 사기 위해 일하고 있다

앞서 이야기한 대로 골칫거리에서 벗어나기보다는 애초에 말려들지 않는 편이 훨씬 쉬운 법이다. 그러나 대부분의 사람들은 골칫거리를 자초하기 일쑤이다. 돈을 잘못 쓰는 것은 스스로를 어려움으로 몰아넣는 흔한 실수 중 하나이다. 우리는 소비가 더 많은 돈을 필요로 하게 된다는 사실을 잊고 있는 듯하다. 우리가 그 돈을 얻기 위해 얼마나 고되게 일하는가 역시도.

안타깝게도 돈은 현명하게 쓰이기보다는 잘못 쓰이거나 함부로 쓰이는 경우가 훨씬 많다. 대부분의 사람들은 자신의 삶을 진정으로 향상시키면서 돈을 쓰는 방법을 알지 못한다. 대개는 돈을 쓰는 데 있어 더 이상의 바보 같은 짓을 상상할 수 없을 때에야 비로소 돈을 이성적으로 대한다. 분명 금전적인 공황 상태는 열렬한 추종자를 갖고 있다, 당신과 나를 포함해서.

문제는 우리의 소비 습관이 우리의 가치나 욕구를 제대로 반영하지 못한다는 점이다. 우리는 자유나 재정적인 독립 같은 소중한 것들을 희생해 가면서 가치 없는 소유물에 돈을 낭비하고 있다. 예를 들어 안식년이나 은퇴를 대비해 알뜰하게 돈을 저축하다가 1, 2년 후에 갑자기 한순간의 나약함으로 새 스테레오 시스템에 1만 달러를 홀랑 날려 버리는 식이

다. 사실 그 스테레오는 시간이 없어서 거의 쓸 일도 없는데 말이다. 혹은 한 계절만 지나면 유행이 지나갈 옷들로 옷장을 가득 채우기도 한다. 자신만큼은 돈에 대해 이러한 모습을 초월해 있다고 믿는다면 당신은 십중팔구 현실을 부정하고 있는 것이다. 얼마나 힘들게 돈을 버느냐와 얼마나 쉽게 써 버리느냐는 희한한 관련이 있다. 월급날 마트에서 식료품을 살 때는 한 푼이라도 아끼려고 하면서 남은 돈은 쓸모없는 것들에 날려 버리는 것이다.

많은 사람들이 월급을 최대한 쥐어짜서 온갖 쓸데없는 것들을 사들인다. 더욱 안 좋은 일은 아직 벌지도 않은 돈으로 이런저런 것들을 사기도 한다는 것이다. 윌 로저스는 이 점을 꼬집어 표현했다. "너무도 많은 사람들이 아직 벌지도 않은 돈을, 자신이 좋아하지도 않는 사람들에게 잘 보이기 위해서 원하지도 않은 물건을 사는 데 쓴다." 우리 각자는 이 같은 어리석은 모습을 어느 정도씩은 갖고 있게 마련이다.

물론 가끔 충동적인 소비를 할 수는 있다. 그러나 돈을 쓰는 데 이런 비이성적인 행동이 계속된다면 커다란 손실이 생긴다. 실제로 은퇴한 미국인의 93퍼센트가 돈을 저축하는 기술을 익히지 못한 탓에 사회보호에 의지해 노후를 보내고 있다.

돈에 대한 이러한 비이성적인 행동을 수정하려면 노력이 필요하다. 그렇지 않으면 행복하고 충만한 삶을 사는 데 계속해서 걸림돌로 남게 된다. 그런데 이런 비이성적인 행동은 사실 돈 그 자체와 관련된 문제가 아니다. 그보다 훨씬 깊은 뿌리를 갖고 있다.

미겔 데 세르반테스는 충고했다. "스스로를 아는 것을 목표로 삼으라. 그것이 세상에서 가장 어려운 교훈이다." 자신을 알고 무엇이 당신으로 하여금 돈을 쓰게 만드는가—자동차든 집이든 패션이든 멋진 물건이

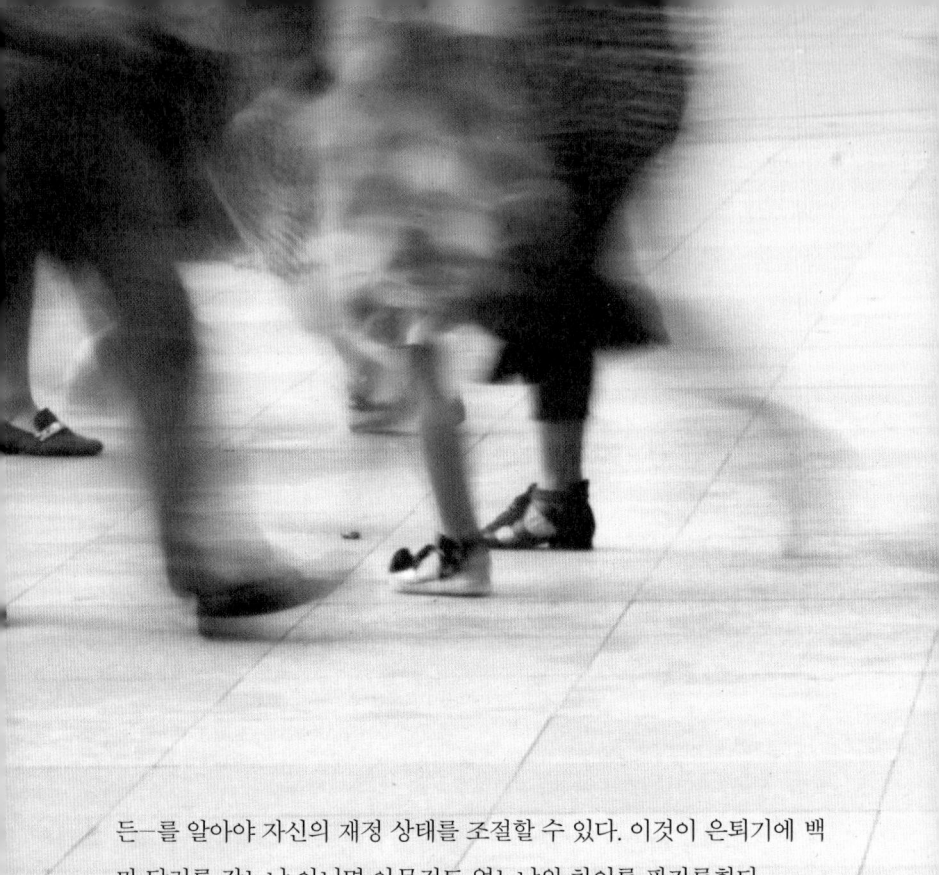

든—를 알아야 자신의 재정 상태를 조절할 수 있다. 이것이 은퇴기에 백만 달러를 갖느냐 아니면 아무것도 없느냐의 차이를 판가름한다.

모두가 열렬히 좇는 것들이 실제로는 기쁨을 주지 못하거나 삶을 향상시키는 데 아무런 도움이 되지 않을 수 있다. 잠깐 짬을 내서 비판적인 사고를 해 보는 것만으로도 어처구니없는 일이 일어나는 것을 막을 수 있다. 자신이 사는 물건이 진정으로 필요한 것인지를 잠시 질문하는 시간만 갖더라도 소비 횟수가 놀랄만큼 줄어들 것이다.

정말 필요해서 사는 걸까, 내가 정말 이것을 원하는 걸까, 뭔가를 살 때마다 매번 질문해 보자. 까다롭게 질문을 던져 보면 굳이 필요하지 않은

것, 잠깐 흥미를 갖기는 했지만 진정으로 원하지 않는 것들을 가려낼 수 있다. 그렇게 하면 돈을 저축하는 데 도움이 될뿐더러, 시간과 돈의 낭비를 멈춤으로써 삶을 즐길 수 있다.

결론적으로 당신이 하는 최상의 소비는 소비하지 않는 것임을 알 수 있을 것이다. 잘못된 소비를 부추기는 마음의 변덕을 조절하면 앞으로 10년, 20년 동안 수만 달러를 절약할 수 있다. 이 말은 곧 평안하고 만족스러우며 행복한 삶을 살기 위해 당신이 다른 사람들의 절반만큼만 일을 해도 된다는 뜻이다.

38
헤어스타일을 바꾸기보다 자기계발에 투자하라

현대 사회에서 사람들은 애써 번 돈을 큰 고민 없이 최신 가구며 옷, 자동차, 가전제품에 쓴다. 심지어는 그러느라 엄청난 빚을 지기도 한다. 행복이나 만족을 더하는 데는 아무 역할도 못하는 잡동사니며 장신구에 돈을 펑펑 쓰기도 한다. 그러나 이런 소비 행태를 보이는 사람들이 교육과 관련된 물건을 구입하는 데에는 기꺼이 돈을 쓰려고 할까? 내 경험에 따르면 95퍼센트 이상의 사람들은 전혀 그렇지 않았다.

한 번도 그런 경험이 없다면 조만간 2~3일 일정의 동기 부여 세미나에 참여해 보기를. 성공을 거둔 세련된 강연가들에게서 공통적인 특징을 발견할 수 있을 것이다. 그들은 자신들의 성공과 세련미가 책, 세미나, 함께 일했던 멘토들 덕분이라고 입을 모아 말할 것이다. 그리고 놀랍게도 그들 대부분은 자신도 초창기에는 처참한 실패자였다고 이야기할 것이다.

예를 들어 존 아사라프의 경우를 보자. 아사라프는 19세 때 동네 갱단의 두목이었다. 그는 자기 삶을 바꾸고 싶었지만 어떻게 해야 할지 몰랐다. 그러다가 부동산 매매와 관련한 직업을 얻었는데 운 좋게도 어떤 사람의 소개로 판매 훈련 세미나에 참석하게 되었다. 그 뒤로 그는 25년간 각종 세미나며 이런저런 연수 프로그램에 50만 달러가 넘는 돈을 썼다.

대단한 액수이다. 하지만 그의 현재 자산은 무려 10억 달러에 달한다! 교육에 투자한 아사라프의 수익률은 대략 2천 퍼센트가 넘는 것이었다. 삶에서 보다 큰 성공을 거두고 싶다면 헤어스타일을 바꾸기보다 자기계발에 더 많은 돈을 쓰자. 제프 폭스워시는 "교육보다 픽업트럭에 더 많은 돈을 쓴다면 당신은 어리석은 사람이다."라고 말했다. 어리석든 그렇지 않든 수입의 일정 부분을 직업적 발전, 교육, 자기계발에 들여야 마땅하다.

《백만장자 시크릿》의 저자 하브 에커는 세후 수입의 10퍼센트를 자기계발에 써야 한다고 충고한다. 10퍼센트란 수치는 상당히 높은, 더군다나 1년 수입이 백만 달러가 넘는다면 더욱 엄청난 것이다. 나는 세후 수입의 5퍼센트를 나의 개인적, 사업적 계발에 쓰고 있다. 물론 이것이 상당한 도움이 되는 건 말할 것도 없다.

책이나 잡지 기사, 세미나, 외국 여행을 통해서든, 혹은 진정으로 성공을 거둔 사람과의 대화를 통해서든, 당신이 해야 할 일은 경험과 교육의 지평을 넓힐 기회를 찾는 것이다. 이것은 당신이 얼마나 많은 학위를 가졌는가와 상관없다. 짐 론은 말했다. "공식적인 교육은 당신에게 먹고 살 수단을 주지만 자기계발은 당신을 부자로 만들어 줄 수 있다."

내가 이용한 동기 부여 관련 책들, 세미나, CD 같은 적절한 교육 수단은 성공을 거두는 데 MBA보다 더욱 큰 역할을 해 주었다. 나는 MBA를 갖고 있지만 내가 밟아 온 코스를 돌아보면 실질적으로 도움이 되는 것은 거의 없다고 할 수 있다. 나를 작가이자 출판가로서 성공하도록 만들어 준 것은 오히려 동기 부여 관련 책들, 세미나, CD 같은 것들이었다.

물론 그것에서 얻은 충고를 성경 말씀처럼 맹목적으로 받아들여서는 곤란하다. 갖가지 테크닉을 백 퍼센트 다 받아들일 필요도 없고, 제안하는

것을 빠짐없이 하겠다고 덤벼서도 안 된다. 무릇 충고란 충고하는 사람의 진실과 관점이 담겨 있기 마련이다. 그들의 경험에서 당신이 필요로 하는 유용한 아이디어만 채택하면 된다. 모든 책과 세미나, 연수 프로그램은 적어도 한 가지 이상의 중요한 도구, 전략, 통찰력을 제공해 줄 수 있어야 한다. 당신에게 호소력이 있는 것을 취해서 그것을 밀고 나가되, 동시에 당신에게 도움이 되지 않는 것은 버릴 줄 알아야 한다.

창의적인 정신은 당신의 가장 큰 재산이며 당신은 그것을 더 발전시키

기 위해 비용을 들여야 마땅하다. 직업적, 개인적 발전을 위해 얼마만큼의 돈을 나누어 쓰든, 한 가지 중요한 점을 잊지 말기를. 당신이 교육에 들이는 돈은 믿기지 않을 만큼의 이득을 가져다줄 수 있는, 자신에 대한 투자이다. 자신의 창의적인 면을 계발해 줄 최상의 도구를 찾고, 정신을 바짝 차려 진정한 성공을 향해 앞으로 나아가자. 이러한 도구는 처음에는 상당한 비용이 들지 모르지만 결국에는 시간을 절약해 주고 훨씬 더 많은 돈을 벌게 해 줄 것이다.

39
돈을 소유하려면 헤어지는 법도 배워야 한다

돈은 자유를 얻는 데 도움이 될 수 있다. 그러나 자유로워지기 위해 꼭 돈을 많이 벌거나 많이 갖고 있어야 하는 것은 아니다. 어떤 사람들은 돈을 절약해야 한다는 강박에 시달린다. 그러나 넉넉한 수입을 올리기 위해 몇 해 동안 열심히 일한 뒤에는 벌어 들인 돈의 일부를 즐길 줄도 알아야 한다.

돈을 잘 소유하기 위해서는 즐거운 마음으로 그 일부와 헤어질 줄도 알아야 한다! 그래야 비로소 돈이 당신의 삶에 풍요로움을 더해 줄 수 있게 된다. 금전적 여유가 곧 풍요로움을 뜻하지 않는다는 것은 상당한 수입을 올리는 수많은 사람들이 몸소 보여 주곤 한다. 엄청난 돈을 쌓아 두고도 그중 어느 정도를 쓰는 즐거움과 기쁨을 누리지 못하는 구두쇠들이 많다. 그것도 또 다른 금전적인 불구이다!

진정으로 갖고 싶은 무언가를 사는 데 돈을 쓰기가 두렵다면 돈은 수단일 뿐 목적이 아니라는 사실을 마음에 되새겨 보자. 풍요로운 소비는 당신의 영혼에 도움이 된다. 자신이 직접 벌었고 빌린 것이 아니라는 전제에서 돈을 즐기는 것은 더욱 많은 돈을 벌어들이게 하는 동기가 된다.

돈을 쓰는 것이 파괴적인 경험이 되어 버린다면 당신은 자유를 얻은 것이 아니다. 스스로를 자기 마음속에 가두어 버린 것이다. 자신이 싫어하는 일을 해야 한다면 많은 돈을 가진들 무슨 소용이겠는가. 자기가 가진 재산에 견주어 우스꽝스러우리만큼 형편없게 사는 것은 흥청망청 쓰는 것만큼이나 어리석은 짓이다. 그것은 풍요로움이 아닌 빈곤 의식을 드러내는 것이다.

풍요로움은 당신이 원하면 언제든 느낄 수 있다. 풍요로움을 느낀다는 것은 적당한 때에 얼굴에 미소를 띤 채로 청구서에 쓰여진 돈을 지불할 수 있다는 의미이다. 풍요로움은 노숙자에게 뭔가를 베풀 수 있다는 뜻일 뿐 아니라 그러면서 기쁨을 얻을 수 있다는 의미이다. 풍요로움은 또한 얼굴을 찡그린 채로 며칠 지난 빵이나 떨이로 파는 물러 터진 과일을 사는 대신, 감사한 마음으로 신선한 음식을 살 수 있음을 의미한다. 풍요롭다는 것은 웨이터가 훌륭한 서비스를 했을 때 마지못해 몇 푼을 내주는―심지어는 팁을 한 푼도 안 주는―것이 아닌, 기쁜 마음으로 넉넉한 팁을 줄 수 있다는 의미이기도 하다.

돈을 많이 벌지 못할 때라도 적어도 일주일에 한 번은 자신에게 상을 주는 것이 필요하다. 그래야 다시 일할 힘을 낼 수 있다. 소비와 저축에 건강하고 균형 잡힌 태도를 지니고 있으면, 현재의 돈을 즐기는 것은 장차 더욱 많은 돈을 모으는 데 도움이 된다. 저축을 하겠다며 현재를 조금도 즐기지 않는 것은 스스로를 착취하는 행동이다. 그런 사람은 나중에 백만장자가 된다 하더라도 돈을 즐길 가능성이 거의 없다.

풍요로움을 위한 계좌를 만들어 보면 어떨까? 순수입의 5~10퍼센트를 따로 모을 계좌를 만들고 당신이 꼭 원하는 것들을 사는 데 쓰는 것이다. 6개월 정도마다 이 계좌를 완전히 비워 즐거움을 위해 한 푼도 남김없이 다 쓰도록 하자. 그렇게 분배된 돈을 쓰는 것을 두려워하지 말자. 당신이 즐거이 쓴 돈은 잘 소비된 돈이기 때문이다.

돈으로 행복을 살 수는 없지만 삶을 만끽하는 데 도움이 될 수는 있다. 그렇기 때문에 금전적인 독립이 필요한 것이다. 풍요로움은 당신의 삶에서 올바른 것을 추구할 때 온다. 올바른 직업을 갖는 것뿐만 아니라 올바른 것에 돈을 쓰고 안식년이나 은퇴, 혹은 비상시에 대비한 목돈을 충분히 저축하는 것 등등이 모두 거기에 속한다.

돈은—모든 친구가 그렇듯이—존중하는 마음으로 다루었을 때에만 당신의 친구가 될 수 있다. 돈은 아마도 당신이 알뜰하게 저축하고 즐겁게 쓰기를 바랄 것이다. 존중하지 않는 자세로 돈을 다룬다면 얼마나 많은 돈을 벌든지 당신은 언제나 금전적인 문제—또는 빈곤 의식에 따르는 고통—를 안게 될 뿐이다.

40
얼굴을 볼 시간조차 없다면 가족이 무슨 의미가 있을까?

당신은 열심히 살아야 한다는 생각이 거의 강박이 되어 버린 수백만의 사람들과 별반 다르지 않을 것이다. 당신은 더욱 큰 즐거움, 더욱 큰 모험, 더욱 큰 만족, 그리고 더욱 큰 행복을 원하고 있다. 그러나 그러한 것들을 얻기 위해 건강하지 못한 생활 방식을 고집하고 있다면 돈을 얼마나 벌었든 당신은 가난한 사람이다.

우주는 당신에게 다음 네 가지 문제에 대해 묻고있다.

(1) 항상 스트레스에 시달리느라 비참한 기분이 든다면 연봉을 많이 받는 직업이 무슨 소용일까?
(2) 집에서 보내는 시간이 고작 잠잘 때뿐이라면 남들보다 큰 집이 무슨 쓸모가 있을까?
(3) 즐길 시간이 없다면 좋은 물건을 잔뜩 가진들 무슨 도움이 될까?
(4) 얼굴을 볼 시간조차 없다면 가족이 무슨 의미가 있을까?

한 가지는 확실하다. 일에서 성공해도 가정에서 실패한다면 아무 의미가 없다는 것이다. 분명 성공은 의미가 있다. 그러나 삶의 모든 면―일터, 가정, 친구들, 여가 활동, 예술적인 추구, 정신적, 심리적, 영적 건강

등—이 두루 포함되어야 한다. 즐길 수 있는 시간을 많이 갖는 사람들이 그러한 시간을 희생하면서 지겹도록 일하는 사람들보다 훨씬 행복하고 건강하게 산다는 연구 결과는 놀라운 일이 아니다.

충분히 자고, 잘 먹고, 규칙적으로 운동하고, 친구나 가족 들과 많은 시간을 보내지 못하는 한 풍요로운 삶을 누릴 수 없다. 일에서는 성공을 거둔다 해도 삶은 잃어버릴 수 있다. 몇 푼 더 벌자고 현재의 즐거움과 행복, 만족감을 희생해서는 안 된다. 특히 당신의 삶을 나아지게 하는 데 도움이 되지 않는 자질구레한 것들에 흥청망청 돈을 쓸 작정이라면 더욱 그렇다. 당신이 일을 하는 가장 큰 이유가 사용할 수도 없는 물건들의 값을 치르기 위해서라면 무슨 의미가 있겠는가.

참된 삶을 살 시간이 없다면—다만 존재할 뿐이라면—돈이 넉넉하게 있어도 아무 소용이 없다. "직업에 대한 끊임없는 헌신은 다른 많은 것들을 소홀히 할 때만 비로소 유지될 수 있다."라고 로버트 루이스 스티븐슨은 말했다. 휴식이 되는 여가 활동은 삶에서 성취감을 맛보기 위해 반드시 필요하다. 친구와 가족과 친밀한 관계 맺기, 모험, 걷기, 명상하기, 창조적인 공상하기, 영적인 충만감은—오랜 시간 맹렬히 일하는 것이 아니라—삶을 살 만한 가치가 있는 것으로 만들어 준다.

세상에서 가장 풍요로운 사람들은 생계에 필요한 돈을 즐겁게 벌고, 그와 동시에 일과 개인적 삶의 균형을 건강하게 맞추는 사람들이다. 이런 사람들은 무엇을 우선시해야 하는지 알고 있다. 오직 당신만이 무엇이 우선인지, 그리고 그것에 따라 어떻게 살아가야 할지를 결정할 수 있다. 자신이 원하는 삶에 대해 분명한 전망을 갖고 있어야 한다. 진정으로 중요한 것에 얼마나 많은 시간과 노력을 들이는지에 따라 행복과 만족감이 결정되기 때문이다.

균형 잡힌 생활을 위해 변화하기는 쉽지 않지만 그렇다고 불가능한 일도 아니다. 그것은 수백만의 사람들이 이미 증명했다. 그들은 감성적으로 스스로를 가다듬고 다른 사람들이 성취하지 못한 것을 이루어 냈다. 그러면서 가족과 많은 시간을 함께 보내고, 자연과 사회를 연결시키고, 단순한 즐거움을 만끽함으로써 한층 행복하고 충만한 삶을 삶았다. 이러한 결과는 놀라운 일이 아니다.

시스템 때문에 어쩔 수 없이 오랫동안 매진해서 일할 수밖에 없다고 믿고 있는가? 시스템이 우리를 노예로 만드는 것이 아니라 우리가 스스로를 노예로 만드는 것이다. 이 사실을 받아들이지 않으면 당신은 잘못된 만족을 위해 스스로 노예가 되는 것은 물론 자신의 창의력을 내다 버리는 꼴이 된다. 거부는 삶에서 진정한 차이를 만들 수 있는 변화가 일어나지 못하도록 방해한다.

스스로에게 물어보라. 열심히 사는 것과 멋진 삶을 사는 것, 둘 중에 무엇이 더 중요한가? 부지런히 일해야 할 때가 언제인지 알아야 한다. 더욱 중요하게는 놀거나 휴식을 취해야 할 때가 언제인지 알아야 한다. 그렇게 하면 당신을 비롯해 가족에게까지 크나큰 혜택이 돌아올 것이며, 그런 모습을 보며 친구들과 동료들은 무척이나 놀라게 될 것이다.

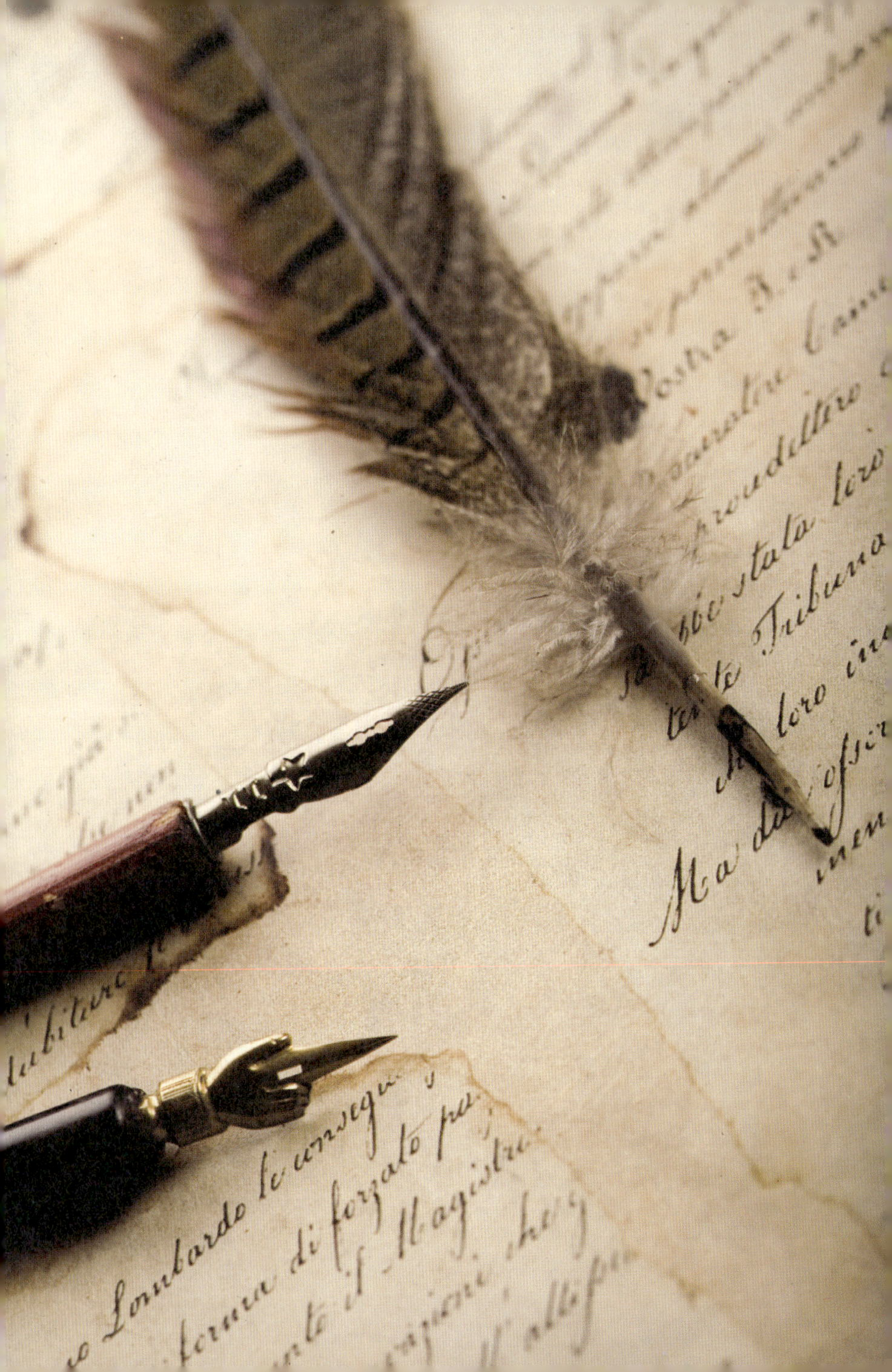

41
창의성은 열심히 일하는 것을 뛰어넘는다

상상력과 끈기, 헌신, 책임감, 행동은 진정한 성공을 거두는 데 중요한 재료이다. 그러나 '열심히 일하는 것'이 여기에 속하지 않는다는 점은 적어도 몇몇 사람들에게는 놀라운 일일 것이다. 여기서 열심히 일한다는 말은 오랜 시간 동안 되도록 많은 일을 맡아서 그것에만 파고드는 것을 뜻한다. 한마디로 열심히 일하는 것과 진정한 성공은 물과 기름이나 다를 바가 없다! 열심히 일하는 것과 진정한 성공은 서로 섞일 수 없기 때문이다.

진정한 성공은 '열심히'가 아닌 영리하게 일하는 것과 관련이 있다. 내가 열심히 일하는 것을 인정할 때는 다른 누군가가 일을 하고 내가 그 대가를 치러야 할 때뿐이다. 그렇다고 해서 성취의 기쁨을 얻을 수 있는 생산적인 과제를 해내거나 정해진 시간 내에 완수해야 하는 일을 할 때조차도 열심히 일하지 않겠다는 뜻은 아니다. 그러나 나는 이것말고는 열심히 일하는 것이 대부분 나에게 해가 되었다는 것을 깨달았다.

근로정신이란 터무니없는 소리이다. 이 말은 영양가를 다 빼앗긴 상태를 멋지게 표현한 것에 지나지 않는다. 가엾은 일 중독자들을 착취하고 싶어 하는 고용주나, 오랜 시간 일에 빠져 삶을 즐기지 못하는 것을 자기 합리화하려는 일 중독자들이 주로 쓰는 표현인 것이다.

세상의 모든 가치 있는 것은 대가를 치러야 마땅하다. 열심히 일하지 않는 것에도 대가를 치러야 한다. 그러나 지나치게 열심히 일하는 것에 치러야 할 대가는 훨씬 더 크다. 물론 회사는 당신이 '열심히 일하는 건 나한테 아주 좋은 일이야. 누구도 그것 때문에 해를 입은 적은 없잖아.' 하고 믿기를 바란다. 그러나 그렇지 않다는 증거들은 무수히 많다.

2002년 〈영국의학저널British Medical Journal〉에 실린 논문에 따르면 스트레스가 많은 직업군에서 일하는 사람은 스트레스가 적거나 거의 없는 직업을 가진 사람들보다 심장질환으로 사망할 확률이 2배나 높다고 한다. 또한 1996년 영국의 정부 보고서에 따르면 일주일에 48시간 이상 일하는 사람은 심장질환의 위험이 2배로 높았다. 2003에 미국에서 발표된 보고서는 장기적인 직업 스트레스는 20킬로그램 살이 찌는 것이나 30년 늙는 것보다 심장에 더 나쁜 영향을 끼친다고 한다. 직업에 따른 상해나 질병으로 해마다 2백만 명의 노동자가 사망한다는 유엔의 한 보고서는 굳이 언급할 필요도 없을 것이다. 이 모든 증거는 일이 전쟁(연간 65만 명 사망)보다 더욱 많은 사람을 죽인다는 것을 보여 준다.

때로 열심히 일하는 것은 당신을 죽일 수도 있다. 근로정신의 또 다른 어두운 측면은 무지개를 좇는 숱한 사람들이 평생 성공을 기대하며 열심히 일하지만 변변찮은 결과밖에 내지 못한다는 사실이다. 진정한 성공의 비밀은 세상에 차이를 만들어 낼 수 있는 최소한의 중요한 일을 하고 나머지는 과감히 버리는 것이다. 피터 드러커는 이렇게 충고한다. "모든 것을 올바르게 하려고 애쓰지 말고 올바른 일들을 하라."

보람이나 대가를 기대하기 어려운 분야에서 열심히 일한다면 당신의 노력은 수포로 돌아갈 가능성이 크다. 반면에 커다란 대가를 가져올 만한 창조적인 일에 하루 너덧 시간만 투자해 보라. 좋은 결실을 맺어 안락한

삶을 누릴 수 있을 것이다. 기회가 넘쳐흐르는 현대 사회에서는 하루 두세 시간만으로도 이러한 일들이 얼마든지 가능하다.

일을 지나치게 하지 말아야 한다. 파블로 피카소는 20세기에 가장 큰 영향력을 끼친 화가 중 한 사람이다. 회화와 조소, 판화, 무대 디자인, 도예 모든 분야에서 탁월한 그가 예술가로서 엄청난 성공을 거두었다는 점은 누구나 동의할 것이다. 그러나 피카소는 모든 것을 다 바쳐야 성공할 수 있다고는 믿지 않았다.

"사용할 수 있는 모든 자원을 다해서가 아니라 반드시 그에 미치지 못하는 정도로만 일해야 한다. 만약 세 가지 요소를 다룰 수 있다면 두 가지만 다루도록 하자. 열 가지를 다룰 수 있다면 다섯 가지만 다루도록 하자. 그런 식으로 하면 당신이 다루는 것에 더욱 능숙해질 수 있을 것이며, 언제나 소진되지 않고 남아 있는 힘으로 다시 창조할 수 있을 것이다."

창의성이 결국 가장 대단한 결과를 만들어 낸다. 창의적인 노력과 열심히 일하는 것에는 모두 행동이 필요하지만, 진정한 행복의 바탕이 될 수 있는 것은 바로 전자이다. 후자는 신경쇠약, 심장마비, 탐탁지 않은 결과를 가져오는 것으로 이미 잘 알려져 있기 때문이다. 자, 이제 어떤가? 하루에 4시간에서 8시간 정도 일하면서 일과 개인적 삶의 균형을 맞추는 것보다 더 즐거운 일은 없을 것이다. 또 한 가지, 하루 10시간 이상을 바쳐 일하는 일 중독자들을 그저 구경하는 즐거움도 빼놓지 말기를.

42
필요한 만큼만 일하라

원한다면 누구나 내면의 가치와 일치하는 생활 방식을 가질 수 있다. 당신의 삶을 조율하는 것은 당신—고용주나 정부, 배우자, 혹은 사회가 아니라—에게서 시작된다. 더 많은 여가와 휴식 시간, 아이들과 놀아 줄 시간, 그리고 더 큰 보람이 있는 일을 하는 진정한 삶을 원하는가? 그렇다면 이를 위해 지금의 상황을 박차고 나갈 것인지 아닌지도 당신에게 달려 있다.

하루 8시간 이상 일하고 있다면 당신의 직업은 잘못된 것이다. 아니면 당신이 그 일을 잘못하고 있거나! 이탈리아의 경제학자 빌프레도 파레토가 발견한 80/20의 법칙을 적용하면 당신도 균형 잡힌 삶을 살 수 있게 될 것이다. 이 법칙은 우리가 시간을 잘 이용하고, 일 중독증을 피할 수 있도록 놀라울 만한 큰 도움을 준다.

요점을 이야기하자면, 80/20의 법칙은 삶의 어느 영역에서든 20퍼센트의 활동은 아주 중요하지만, 대략 80퍼센트의 활동은 사소하다는 것이다. 따라서 우리는 시간과 에너지를 진정으로 중요한 과제, 친구, 투자, 여가 활동에 집중해야 한다. 일에서 이루어지는 성과는 우리가 들이는 시간과 노력의 약 20퍼센트에서 80퍼센트 정도된다. 달리 말하면 남은 80퍼센트의 시간과 노력에서 얻어지는 결과물은 고작 20퍼센트에 지나

지 않는다는 뜻이다.

당신이 80/20의 법칙에 대해 이미 알고 있을지도 모르겠다. 그 법칙을 알고 있는 다른 사람들과 마찬가지로 제대로 사용하지는 못하고 있을 것이다. 80/20의 법칙이 이토록 효과적이라면 왜 모든 사람이 사용하지 않는 것일까? 대답은 단순하다. 그러려면 창의적인 사고가 필요하며, 관습에서 벗어나야 하기 때문이다. 이 두 가지 조건 탓에, 또 남과 다른 것이 두렵다는 이유에서, 절대 다수의 사람들이 그 법칙을 적용하지 못하고 있다.

정말 멋진 것은 80/20 식의 사고를 하면 훨씬 적은 노력으로도 훨씬 많은 것을 성취할 수 있다는 점이다. 일을 덜 하면서도 더 많은 돈을 벌 수 있으며, 그 어느 때보다도 개인적인 삶을 즐길 수 있다. 보너스로 80/20의 법칙을 매일 적용하다 보면 결국 부유해질 수도 있다.

어떤 활동이 중요한지를 결정해 그것에 전념하는 것은 균형 잡힌 생활 방식의 기초가 된다. 괴테는 말했다. "가장 중요한 것이 가장 하찮은 것에 좌우되어서는 안 된다." 분명 우리가 살아가면서 하는 수많은 일들은 행복과 만족의 측면에서 낮은 가치를 지닌다.

시간의 80퍼센트를 우선순위에서 먼 활동에 쓰고 있다면, 시간을 재분배해야 한다. 시간을 최적화하려면 20퍼센트의 성과밖에 내지 못하는 80퍼센트의 활동을 없애야 한다. 만일 모든 활동을 없애지는 못하더라도 상당히 많은 활동을 없앨 수는 있을 것이다. 가치가 낮은 활동의 최소한 반을 없앨 수 있다면, 더욱 많은 여가 시간을 포함해 중요한 것을 추구할 시간을 더 벌 수 있다.

어디에 투자해야 투자한 것보다 큰 이득을 얻을 수 있을지 판단할 줄 알아야 한다. 또한 투자한 것의 일부를 돌려받을 수 있는 영역이 어디인지

알아야 한다. 목표는 최대 이익을 낼 수 있는 영역을 최대화하고, 손실을 가져오는 활동을 솎아 내는 것이다. 80/20의 법칙을 강력한 도구로 삼으면 남들이 다 하는 방식이 아닌 당신이 좋아하는 방식으로 사는 자유를 얻을 수 있다. 일과 개인적 삶의 균형을 탁월하게 맞출 수 있을 뿐 아니라 일이 더욱 즐겁고 만족스럽다는 것도 깨닫게 될 것이다. 특히 더 적은 시간과 노력으로 더 큰 결과와 돈을 만들어 내는 때라면 말이다.
일하는 삶, 보다 정확하게는 훌륭하게 일하는 삶을 위해 당신의 삶의 모

든 영역에 80/20의 법칙을 적용해 보자. 소득과 행복, 혹은 자기만족에 별 도움이 되지 못하는 불필요한 활동은 버리자. 일반적인 믿음과는 정반대로, 열심히 일하는 것은 시간 죽이기 용으로 고안된 최고의 발명품이다. 시간뿐 아니라 당신 역시 마찬가지이다. 평안하고 만족스러우며 행복한 삶의 비결은 생활하기에 필요한 만큼만 일하며, 될 수 있는 대로 적게 일하는 것이다. 80/20의 법칙을 적용하면 당신은 수월하게 이 목표를 달성할 수 있다.

43
완벽함은 사회부적응자들의 몫으로 남겨 두라

평안하고 만족스러우며 행복한 삶을 누리려면 진정으로 중요한 일들에만 집중해야 한다. 여기서 주의할 점이 있다. 할 만한 가치가 있는 일이 모두 다 잘할 가치가 있는 것은 아니며, 잘할 가치가 있는 일이라고 해도 또 지나치게 잘할 가치가 있는 것은 아니라는 거다. 중요한 일을 덜 해서는 안 되지만 마찬가지로 지나치게 해서도 안 되는 법이다.

많은 사람들이 완벽하려고 안간힘을 쓴다. 그러나 이는 실패에 이르는 첫걸음이다. 완벽하게 해내겠다고 결심하는 것은 그 자체로 이루어질 수 없는 것을 성취하려고 노력하는 셈이 된다. 결국 제한된 자원을 비실용적이고 비효율적으로 사용하게 되며, 결과는 기껏해야 그저 그럴 뿐이다.

완벽함과 탁월함이 다른 것이라는 점을 안다면 당신이 노력을 쏟아야 할 것은 바로 탁월함이다. 어떤 일을 탁월하게 한다는 것은 자신에게 주어진 시간과 에너지, 여타의 다른 자원을 최상으로 활용하는 것을 의미한다. 탁월함은 제한된 자원을 실용적이고 효율적으로 사용해 양질의 결과를 낳는다.

개인적인 경험 한 가지를 이야기하겠다. 어느 해 1월 1일, 훗날 베스트셀러가 된 《일하지 않는 즐거움》의 원고를 처음 쓰기 시작했을 때 나는

7월 31일까지 초고를 완성하겠다고 결심했다. 마감일이 하루 앞으로 다가왔을 때 나는 친구들이 원고를 검토해 수정할 부분을 이야기해 주면 그것을 반영할 수 있도록 한 달의 여유를 더 갖기로 했다.

시간 내에 원고를 모두 수정하고 난 뒤 나는 인쇄업자에게 원고를 전달하고 9월 15일까지 책을 출간하기로 했다. 인쇄 일자를 지켜 크리스마스 쇼핑 시즌보다 훨씬 앞서 출간된 내 책은 시장 경쟁에서 멀리 떨어질 수 있었으며, 홍보 기회도 많이 얻을 수 있었다. 출판 시기가 빨랐던 덕분이었다.

이 책이 3만 부 이상 팔려 나가 3년 연속 캐나다에서 베스트셀러 목록에 오르고 난 뒤 나는 개정판을 내기로 마음먹었다. 개정판 작업 때 철자를 교정해 주는 워드 프로세싱 프로그램의 업데이트 버전을 사용했다. 아, 이럴 수가! 초판본에는 잘못된 철자가 150개나 있었다. 그런데 그것이 판매에 영향을 미쳤을까? 내가 말할 수 있는 것은 그다지 영향을 미치지 않았다는 것이다. 전혀 아니라고는 자신할 수 없지만.

책의 세세한 부분까지 완벽하게 만들고 싶어 했다면 나는 15년이 지난 지금도 그 원고에 매달려 있을 것이다. 그보다 탁월한 것을 목표로 원고를 쓰고 자비출판을 한 덕분에—완벽함과는 거리가 멀지라도—나는 지난 15년 동안 제법 짭짤한 수익을 거둘

수 있었다.

중요한 과제에서 완벽함을 추구하는 것은 그냥 평범하기를 바라는 것만큼이나 해롭다. 두 가지 모두 불만족과 불행, 그리고 실패로 이어질 테니 말이다. "수많은 사람들이 '완벽함'으로 가는 버스를 타기 위해 길모퉁이에 서서 하염없이 기다리다가 좌절하고 만다."라고 도널드 케네디는 경고했다.

세상의 다른 모든 사람들처럼 당신도 때로 완벽함이라는 벌레에 물리곤 할 것이다. 완벽하게 출간된 책은 없으며, 완벽하게 준비된 식사도 없고, 완벽하게 쓰인 보고서도, 완벽하게 만족한 고객도 없다는 점을 기억하라. 당신에게 중요한 무언가에서 평범해지려는 충동을 거부하고 또 그만큼 삶의 그 어떤 분야에서든 완벽해지려는 충동을 거부해야 마땅하다. 올바른 것을 얻는 데 실패했다거나 혹은 다른 사람들에 비해 뒤처진 느낌으로 생을 마감하고 싶지 않다면 말이다.

탁월함을 추구할 때 온힘을 다하는 것이 중요하다. 탁월함이란 평범함과 완벽함 사이의 어딘가에 존재한다. 어디에 탁월함이 놓일지 그 지점은 당신이 결정해야 한다. 탁월함이란 당신이 사용할 수 있는 시간과 에너지, 그 밖의 자원들을 가지고 최선을 다해 노력하는 것이다. 그러나 그 어느 것이라도 무결점으로 완벽하게 할 필요는 없다는 점을 잊지 말자. 완벽함은 세상의 부적응자들에게나 던져 줘라. 일이나 놀이를 능숙하지 못하게 막는 걸림돌은 바로 그것에 지나치게 능숙해지려고 노력하는 것이다. 완벽함이라는 성취 불가능한 기준에 맞춰 살겠다고 애쓰는 것보다 더 진을 빠지게 하는 일이 어디에 또 있을까?

44
모든 일을 잘할 필요는 없다

성공에 걸림돌이 되는 요소들은 수없이 많다. 거기에는 탁월함을 추구하는 것은 포함되지 않으리라 생각하겠지만, 그렇지 않다. 탁월함을 추구하는 것도 완벽함을 추구하는 것만큼이나 평안하고 만족스러우며 행복한 삶을 사는 데 방해가 될 수 있다.

당신의 삶을 복잡하게 만드는 가장 큰 이유 중 하나는 오랜 경구 "할 만한 것은 무엇이든 잘할 만한 가치가 있다."를 철석같이 믿는 것이다. 이 터무니없는 소리를 믿는 당신은 더그아웃에서 나와 미처 타자석에 들어서기도 전에 삼진아웃을 당한 셈이다. 괜찮은 보답을 주지도 못하면서 지루하기 짝이 없는 훈련, 다시 말해 이런저런 과업이며 프로젝트에 과도한 시간과 에너지, 심지어는 돈까지도 쏟아부을 테니 말이다.

잘못된 일을 탁월하게 해내는 것은 성공과는 거리가 멀다. 예를 들어 당신이 하는 사업의 주업무가 고객에게 전화하는 것과 관련이 있다면, 여기에 모든 노력을 집중해야 한다. 사무실 책상을 반들거리도록 닦는데 온힘을 쓰고 전화를 거는 데는 단 5분만 쓴다면 한두 시간 전화를 걸고 5분 동안 책상을 닦는 것에 비해 10퍼센트의 생산성도 발휘하지 못한다. 진정한 성공은 당신에게 주어진 시간 내에서 최선을 다해야 이룰 수 있다. 단, 여기에는 한 가지 조건이 따른다. 중요한 일에 최선을 다하고 중

요하지 않은 일은 최선과 거리가 멀게 하는 것이다. 몇 가지 중요한 일에서만 탁월함을 발휘하는 법을 배운 사람들—모든 일에서 탁월함을 발휘하는 것이 아닌—은 스스로의 삶을 180도 바꿀 수 있다.

비결은 집중하는 것이다. 우선순위가 떨어지는 일에 방해받는 일이 없어야 한다. 어떤 일이 재미있다고 해서 추구할 가치가 있다는 뜻은 아니다. 그 활동이 도움이 될 수는 있어도 잘할 가치는 없을 수 있다. 문제는 바로 이것이다. 얼마나 도움이 될까? 다시 말하면 그것이 다른 과제보다 더욱 도움이 될까?

한 발짝 더 나아가 이 일을 꼭 해야 하는지 그 자체를 다시 생각해야 할 수도 있다. 놀랍게도 많은 사람들은 자신의 성공에는 눈곱만큼도 기여하지 못하는 일에 열을 올리곤 한다. 자신이 하는 활동의 진정한 목적을 모른다면, 얼마나 열심히 하는지는 중요치 않다. 잘못된 일을 한다면 얼마나 열심히 하든 별 소용이 없다.

프로젝트를 빨리 수행하는 데는 세 가지 방법이 있다. 첫째, 스스로 하기. 둘째, 당신을 위해 일해 줄 사람을 고용하기. 셋째, 가치가 없다고 판단하면 목록에서 없애 버리기. 탁월하게 일하는 것이 생산적이라는 것은 의심할 필요도 없다. 그러나 어떤 일을 피하는 것은 더욱 생산적일 수 있다.

반복해서 말하지만 어떤 일에 대해 할 가치가 있다고 판단했다 하더라도 "할 만한 것은 무엇이든 잘할 만한 가치가 있다."라는 생각에 빠져 위축되어서는 안 된다. 이는 그 무엇보다 터무니없는 생각이기 때문이다. 할 가치가 있는 대부분의 일들에 최선의 노력을 들일 가치는 없다. 잘할 가치가 있는 일이란 정말 얼마되지 않는 몇몇 중요한 활동들뿐이다.

수많은 일들은 그저 그런 정도의 가치밖에는 없다. 사실 거의 모든 활동들을 대강 해도 된다. 이것에 능통해지면 당신은 당신이 꿈꾸는 것 이상으로 성공과 행복을 성취할 수 있을 것이다.

될 수 있는 대로 많은 과업을, 될 수 있는 대로 탁월하게 하려는 사람은 영리한 사람이 아니다. 이것은 바보라도 얼마든지 할 수 있는 것들이다. 몇 가지 엄선된 과업만을 극도로 높은 생산성으로 해내면서 쉬고 즐길 충분한 시간을 마련하는 것, 이것이야말로 진정한 천재가 할 수 있는 것이다.

45
남들과 똑같아지면 결국 아무도 아닌 것이다

사람이 살아가는 동기 중 하나는 바로 자유를 향한 욕망이다. 우리 대다수가 내면 깊은 곳에서 바라는 자유는 바로 자기 자신이 될 자유, 다시 말해 다른 사람이 우리에게 기대하는 것이 아닌, 바로 자신이 진정으로 원하는 것을 추구할 자유이다. 그러나 불행하게도 우리는 자기 자신을 기쁘게 하기 위해서가 아닌 남들을 기쁘게 하기 위해-달리 말하면 남들의 인정을 받으려고-시간을 보내고 있다.

우리들은 남들을 즐겁게 하려고 애쓰고 대중에 맞추어 살려고 안간힘을 쓴다. 아마 당신도 그중 한 사람일지 모른다. 어디로 향하는지도 모른 채 절대 다수의 사람들 속에 포함된 스스로의 모습에 안도하고 있을지도 모를 일이다. 남들과 다르게 생각하며 자신만의 고유한 일을 하는 것보다 무리를 따르는 편이 훨씬 수월한 법이니까.

그러나 무리를 따르다 보면 결국 파국을 맞을 수도 있다. 무리를 추종할 때 따르는 문제는, 무리가 갑자기 멈추지 못할 만큼 폭주할 때가 있다는 점이다. 그리고 무리가 엄청난 피해를 가져온다 해도 무리 안의 누구도 기꺼이 책임을 떠맡으려 들지 않는다.

자기 자신을 위해 사고하는 사람은 극히 드물다. 대부분은 자신의 창의력과 내면의 지혜가 삶을 인도하게 하는 것이 아닌 그저 남들이 하는 것

을 선택한다. 당신은 그 무리에 속해 있을 필요가 없다. 활력 있고 창의적으로 사고하는 한 인간으로서, 무리를 추종하는 것 말고 늘 다른 대안이 있다는 것을 깨달아야 한다. 무리가 한 방향으로 갈 때 당신은 다른 방향 어디로든 갈 수 있다.

다수를 따라 이리저리 다니다 보면 결국은 그 어디에도 닿지 못한다. 당신에게 필요도 없으며 즐기지도 않는 무언가를 좇느라 왜 시간과 에너지와 돈을 쏟아붓는가. 어떤 것들은 중요하지만 어떤 것들은 그렇지 않다. 세상에는 사회와 교육제도, 광고주들이 중요하다고 믿기 때문에 중요한 것처럼 보일 뿐인 것들이 수두룩하다. 자세히 들여다보면 그런 것들 대부분은 행복하고 건강한 생활 방식과는 상관이 없다.

대중이 하는 일에 의문을 가져라. 그럴수록 당신은 '남들이 다 하니까.' 하는 식의 접근이 세상에 당신의 족적을 남길 수 있는 방법이 아니라는 사실을 깨닫게 될 것이다. 다수와 함께 하고픈 유혹이 들면 당신이 추구해야 할 다른 꿈과 더욱 중요한 일이 있다는 점을 기억하자.

만일 혼자 서게 된다면 군중들 반대편에 서는 것이 최선이다. 자기 스스로를 존중하고 타인의 존경을 받는 데 그 이상의 방법은 없다. 수백만의 사람들이 하는 일이 아닌 당신에게 올바른 일을 하자. 수백만이 하더라도 멍청한 짓은 멍청한 짓일 뿐이다.

남들을 열심히 따라함으로써 인정을 받으려 한다면 아무 결실도 맺을 수 없다. 남들과 그들이 소유한 것에 감명받는 것은 자아를 잃는 것이다. 삶에서 중요한 목표 중 하나는 다른 누구도 아닌 자신이 되어야 한다. 레오나르도 다 빈치는 삶에서 가장 큰 성취가 무엇인지 물었을 때 "레오나르도 다 빈치."라고 대답했다. 선승들 또한 자신이 아닌 것은 하지 말고, 자신의 진정한 모습에 더욱더 충실하라고 오랜 세월 충고했다.

자신의 진정한 모습에 충실하려면 무엇이 자신에게 중요한 지를 알아야 한다. 삶에서 모든 선택은 자기 자신의 것이 되어야 한다. E. E. 커밍스의 말을 인용하자면 "누구도 아닌 당신 자신이 되는 것—당신을 남들과 똑같이 만들기 위해 최선을 다하는 이 세상에서—은 그 어떤 싸움보다 더 힘겨운 전투를 해야 한다는 의미이다. 그리고 결코 그 전투를 멈추어서는 안 된다는 의미이기도 하다."

당신이 당신 자신이 아니라면, 그것은 당신이 되어야 할 모습이 아니다. 무리에 끼는 것으로는 진정한 자아를 찾을 수 없다. 남들과 똑같아지면 아무도 아닌 것이다. 내가 '다른' 사람이 될 때 비로소 용기 있고 멋진 존재가 될 수 있다. 삶에서 자신이 원하는 것이 무엇인지 알고 마침내 그것을 이루어 내는 바로 그런 사람이 되어 보자.

46
남들과 다르려고 기꺼이 노력하라

모든 인간에게는 한 가지 중요한 공통점이 있다. 바로 모두가 다르다는 것이다. 그러나 학교, 회사, 사회속에서 때가 묻기 시작하면서 사람들은 삶의 대부분을 남들과 같아지려고 애쓰면서 보낸다. 평범하거나 상투적이거나 혹은 쳇바퀴만 도는 인간이 되려고 안간힘을 쓴다. 미국 작가 제임스 볼드윈은 이렇게 썼다. "미국의 이상은 모두가 되도록 똑같아지는 것이다."

삶에는 이론보다 실제에서 더욱 긍정적인 영향을 미치는 것이 몇 가지 있다. 남들과 다른 것도 그중 하나이다. 사회 이론은 우리는 사회적 동물이므로 성공과 행복을 위해 남들과 맞추어야 한다고 말한다. 교육 기관과 회사, 사회는 대부분의 사람들에게 영향을 미쳐 모두 엇비슷해지도록 만든다. 군중 속에서 두드러지는 것은 파괴적인 것으로 여긴다. 남들과 다른 사람은 같이 뭉쳐 다니는 사람들에게 비난을 받거나 조롱을 당한다.

사회 이론은 사람이 사회의 여러 부분에 섞여 들어가 뭉쳐 있을 때의 장점을 옹호하는 반면 인간의 중요한 모습 한 가지는 간과한다. 그러나 시대를 통틀어 세상에 크나큰 차이를 만들어 내는 이들은 창의적인 사람들—모험을 감행하고, 남들과 다르게 행동하고, 현 상태에 도전하고, 하다못해 깃털이라도 펄럭여 보겠다는 사람들—이라는 것이다. 이 사람들이야말로 무리 속에 있는 사람들이 경험하지 못하는 수준의 성공과 만족, 행복을 달성한다.

어쩌면 당신은 세상의 중요한 결과물은 다수와는 다른 길을 걷는 이들의 손에서 만들어졌다는 것을 알고 있을지도 모른다. 사실 그들은 사회와는 그다지 조화를 이루지 못한 사람들이었다. 리처드 브랜슨, 오프라 윈프리, 스티브 잡스, 애니타 로딕을 생각해 보라! 이런 사람들처럼 되고 싶다면 남들속에 섞여 들어가는 것이 진정한 성공을 거두는 방법이 아니라는 결론에 이를 것이다.

그들은 기꺼이 다르려고 노력했기 때문에 세상에 크나큰 차이를 만들 수 있었다. 리처드 브랜슨은 영국 비즈니스계에서 '별종' 취급을 받았다. 하지만 그가 이런 말에 신경이나 썼을까? 안타깝게도 사람들은 평균적인 것, 기존에 확립된 것, 혹은 기대되는 것에서 벗어나 혼자 달라지려고 하지 않는다. 그 대신 일터에서 동료들과 같아지려고, 사회에서 남들과 비슷해지려고 안간힘을 쓴다.

당신이 대중과 다르지 않는 한 세상에 크나큰 차이를 만들 수 없다. 다름은 진정한 성공을 얻는 유일한 방법이다. 다르다는 이유로 일부는 당신에게 불편함을 느낄 것이고, 일부는 당신을 싫어할 것이다.

엄청난 비난이 쏟아질 것도 분명하다. 그러다 당신이 크나큰 차이를 만들어 내기 시작하면 사람들은 당신을 존경할 것이다. 또한 더 생각할 것도 없이 당신은 스스로를 존경할 것이다.

남들과 같아지려고 애쓰는 한 당신이 될 수 있는 최상은 복제품, 그것도 기껏해야 형편없는 복제품일 뿐이다. 이것은 실패자들을 끊임없이 패배하게 만들고, 재능 있는 사람이 전설이 되지 못하게 가로막는다.

당신, 바로 당신이야말로 진정으로 당신이 누구인지를 결정할 사람이다. 진정한 자아에 호소한다면 당신은 달라질 것이다. 다른 사람의 눈에 당신이 별난 것처럼 보여야 한다면 별나게 굴자. 존 크로우가 지적한 대로 "물살을 거슬러 올라가려면 강한 물고기가 되어야 한다. 물살에 둥둥 떠가는 것은 죽은 물고기라도 할 수 있는" 것이니까.

경제적으로 풍요롭고 심리적으로 만족스런 삶을 살 수 있는 기회는 당신이 어중이떠중이들과 얼마나 멀어지려 하는지에 정확하게 비례한다. 어쨌든 남들과 달랐던―심지어는 아주 별종이었던―리처드 브랜슨 같은 사람이 세상을 변화시킨다. 무리와 한데 어울려 다니는 지극히 평범한 사람들은 세상을 그대로의 모습으로 지키려고 애쓴다. 자, 당신은 어느 쪽에 있고 싶은가?

47
당신의 내면에 당신이 찾아 헤매던 천국이 있다

수세기 동안 위대한 철학자들과 영적 지도자들은 행복에 관한 진실을 설파해 왔다. 그러나 그들이 날마다 지붕에서 고래고래 소리를 치고 바위마다 그 내용을 새겼음에도, 대부분의 사람들은 여전히 그 진실을 받아들이지 않는다. 진정한 행복은 밖에서가 아니라 안으로부터 나온다는 그 진실을. 내면에서 만족을 찾아야만 진정한 행복을 맛볼 수 있다는 그 진실을 말이다.

수피즘에는 물라 나스루딘에 대한 오래된 우화가 있는데, 이 익살맞은 우화는 진정한 행복을 발견하는 사람이 왜 그리도 적은지를 잘 설명해 준다.

어느 날 해가 뉘엿뉘엿 진 뒤 물라 나스루딘이 자기 집 앞 가로등 아래서 땅을 파고 있었다. "물라, 지금 무엇을 하고 계십니까?" 하고 한 이웃이 물었다.

"잃어버린 열쇠를 찾고 있다네." 물라가 대답했다. 그러자 곧 이웃들도 열쇠를 찾기 위해 가로등 아래의 흙을 뒤지기 시작했다. 잠시 후에 다른 이웃이 입을 열었다. "아무리 찾아도 보이지 않네요. 물라, 다시 한 번 생각해 보십시오. 마지막으로 열쇠를 두신 곳이 어디인가요?" 그러자 물라는 대답했다. "음, 집 안 어디선가 잃어버리기는 했지만 어딘지는 잘

모르겠구먼."

그 말에 어리둥절해진 이웃이 소리쳤다. "뭐라고요? 그런데 왜 여기서 찾고 계셨던 겁니까?" 그 말에 물라가 대답했다. "왜냐고? 집 안은 어둡기 때문이지. 가로등 아래가 훨씬 밝은 걸 모르나?"

어떤가? 이 우화는 행복과 만족을 찾아 내면을 들여다보는 대신 바깥세상만을 바라보는 사람들의 어리석음을 보여 주고 있다.

물라 나스루딘이 집 밖에서 열쇠를 찾을 수 없는 것과 마찬가지로, 아무리 밝아 보인다고 해도 우리 역시 바깥세상에서는 진정한 행복과 깨달음을 찾을 수 없다. 행복의 열쇠는 우리 내면에 숨어 있으며, 그곳은 때로 상당히 어두울 수 있다.

많은 사람들이 자기만족과 깨달음을 찾아 외부 세상을 바라보며 지나치게 많은 시간을 보내고 있다. 프랑스의 작가 프랑수아 드 라 로슈푸코의 말에 귀를 기울여 보자. "우리는 자기 자신에게서 만족을 찾지 못하고 헛되이 다른 곳만 찾아 헤매고 있다."

사람들은 진정한 행복을 찾아 자신의 내면을 살피기를 두려워하기 때문에 바깥 소유물의 노예가 되기도 한다. 세상의 빠른 속도를 맞추지 못해 약물이나 알코올에 의존하는 사람들도 있고, 거짓된 영웅을 통해 대리만족하는 삶을 살기도 한다. 그러나 외부의 물건, 애정, 혹은 이목이 마음의 공허함을 채우다. 그 공허함은 오직 내면에서만 채울 수 있다.

자신이 잘살기 위한 부속물—멋진 직업, 지위, 상당한 소유물—을 다 갖추었는데도 충만감이 들지 않는다면 그때는 외부가 아니라 내면을 들여다볼 시간이다. 도가道家에서는 자신을 들여다보면 삶을 행복하고 충만하게 만드는 필요한 모든 것을 발견하게 되리라고 말한다. 내면에서 찾음으로써 우리는 명쾌함을 얻을 수 있으며, 삶의 수고도 덜게 된다.

마사 프리드먼은 말했다. "내면의 충족이 아닌 그 밖의 다른 어떤 것에 근거한 성공은 공허할 수밖에 없다." 시간을 들여 영적 자아를 계발하지 못하면 외부 세상은 오로지 순간적인 즐거움만을 줄 뿐이다. 내면의 삶에 헌신하는 것, 다시 말해 내면의 목소리에 귀를 기울이는 것은 결과적으로 다른 곳 어디에서도 얻을 수 없는 힘과 자신감이 생겨나게 한다.

내면의 삶은 수수께끼처럼 느껴지기도 하지만, 경이롭고 매혹적인 것이다. 스스로에게 질문을 던짐으로써 자기 결단이 생기고 이는 더욱 큰 영적인 자유로 이어진다. 자신 속의 보다 큰 자아를 깨달으면 더욱 창의적이고 역동적인 사람이 될 수 있다. 풍요로움과 품격을 갖추면 삶은 엄청난 기쁨으로 다가온다. 당신은 자신을 알게 될 것이며 당신 속에서 우주를 알게 될 것이다.

안을 들여다보면 밖에 대해 더욱 많은 것을 알게 된다. 자신을 더욱 이해하고 자신을 더욱 사랑하자. 당신의 내면에 당신이 찾아 헤매던 천국이 있다. 그 안에서 당신은 지금까지 필요로 했던 모든 행복과 깨달음을 발견하게 될 것이다.

48
누군가는 내가 가진 것을 보고 부러워할 것이다

우리가 이상적으로 여기는 삶은 대부분 우리가 누리고 있지 않는 삶이다. 좀 더 솔직히 말하면, 다른 누군가가 누리고 있는 삶이다. 프랑스의 속담에는 "당신이 가질 수 없는 것이 당신에게 딱 맞는 것이다."라는 말이 있다. 우리를 행복하지 못하게 만드는 것―심지어는 비참하게 만드는 것―은 남들이 얼마나 행복한가에 대한 우리의 비이성적이고 근거 없는 믿음이다. 우리는 다른 사람들이 자신보다 더 행복하다는 희한한 생각을 갖고 있다. 그것은 사실과는 거리가 먼 생각이다. 조지프 루스는 말했다. "나는 내가 갖지 못한 것을 보며 행복하지 못하다고 생각한다. 반면 다른 사람들은 내가 가진 것을 보며 나를 행복하다 생각한다."
다른 사람들이 모두 나보다 훨씬 수월하고 행복한 삶을 살고 있다는 착각에 빠지기는 쉽다. 훨씬 넓은 집을 갖고, 더 멋진 차를 몰고, 값비싼 옷을 입고, 더 나은 직장에서 일하고, 육체적으로 더 매력적인 연인을 가진 친구나 친척, 이웃, 또는 유명인 들이 언제나 있게 마련이니까. 그들이 얼마나 행복한지는 별개의 문제이다. 자신이 갖지 못한 것을 가진 사람들을 시기한다면 그것은 자신이 행복하지 못하다는 반증이다.
삶을 최대한 만끽할 수 있는 가장 중요한 요소 중 하나는 남을 시기하지 않는 것이다. 사실 당신이 시기하는 대상은 남들이 누린다고 생각하

는—그러나 실제로는 그렇지 못한—만족과 행복감일 뿐이다. 우리가 부러워하는 대부분의 사람들이 우리보다 행복하지 못하다. 부유하고 유명한 사람들조차 우리의 부러움을 받을 자격을 갖추고 있지 않다. 가수이자 연기자인 바브라 스트라이샌드는 "맙소사, 저를 부러워하지 마세요. 저도 나름의 고통을 잔뜩 안고 있답니다." 하고 이야기한 적이 있다.

상당수가 행복하지 않다는 점을 안다면 부유하고 유명한 사람들을 부러워하는 것은 잘못된 일이다. 누군가를 부러워한다면 그 누군가는 가난하지만 행복한 이들, 어려움에 처해 있지만 그래도 행복한 사람들이어야 한다. 시기심은 아무런 득이 되지도 않는 짊어지기 버거운 짐이다. 한 무명의 현자는 말했다. "시기심은 산酸과 같아서 그것을 품은 용기를 부식시켜 버린다."

남을 시기하면서 동시에 행복할 수는 없다. 시기심은 불행의 절친한 짝이니까. 한 사람이라도 시기하는 것은 잘못이다. 다른 사람의 부를 지나치게 우러러본 나머지 자신의 것에 만족하지 못한다면 어떻게 되겠는가? 남과 비교하는 것은 환멸과 실망만 낳는다. 남들에 대해 억울하다는 생각을 품고, 자신은 증오하게 되는 것이다.

그래도 굳이 비교 게임을 하겠다면 양방향으로 해 보면 어떨까? 위생적인 것과는 거리가 멀고, 궁핍함에, 심각한 영양결핍에, 끊이지 않는 폭력과 범죄로 기대 수명이 48세에 지나지 않는 시에라리온이나 아프가니스탄 같은 나라에 산다면? 헬렌 켈러는 이렇게 충고한다. "자신보다 운이 좋은 사람들과 자신의 운을 비교하는 대신 수많은 인류와 자신의 운을 비교해야 마땅하다. 그렇게 하면 자신이 우월하다는 것을 깨닫게 될 것이다."

시기심을 극복하는 공식은 그다지 복잡하지 않다. 바로 마음을 편안히

하고 자신이 받은 축복을 헤아려 보는 것! 적어도 일주일에 한 번은 당신이 살고 있는 나라에서 누릴 수 있는 멋진 일들을 생각해 보자. 누군가가 당신이 지니지 못한 무언가를 가졌다는 이유로 박탈감을 느낀다면 다른 나라에 사는 수억의 사람들이 당신과 기꺼이 위치를 바꾸려 할 것이라는 점을 떠올려 보자.

그동안 삶을 그다지 즐기지 못했다면 지금 지닌 것에 대해 감사하는 마음이 기적을 만들어 줄 것이다. "지금 가지고 있는 모든 것을 잃었다가 다시 찾게 된다면 얼마나 행복하겠는가."라고 한 무명의 현자는 말했다. 시간을 들여 자신이 가진 것들―건강, 집, 친구들, 지식, 창의력―에 감사하다 보면 남의 것을 부러워할 틈도 없을 것이다.

행복하기 위해서는 삶이 주는 수많은 것들에 감사해야 한다. 진실된 마음으로 찾아보면 얼마든지 찾을 수 있다. 오프라 윈프리의 아이디어를 빌려 감사 일기를 써 보자. 하루를 마감할 때 자신이 받은 축복을 헤아려 보고 그날 일어난 멋진 일을 최소한 다섯 가지 정도 적어 보는 것이다. 오랫동안 이것을 해보면 누군가를 시기할 이유가 저절로 사라질 것이다.

49
만족할 준비가 된 사람만이 삶에 만족할 수 있다

살아가면서 우리는 울타리 바깥쪽의 잔디가 더욱 푸르다고 믿는 함정에 빠지곤 한다. 그런데 막상 가서 보면 안쪽 잔디와 큰 차이가 없다. 아니, 오히려 그쪽의 잔디는 아예 초록빛과는 거리가 멀 수도 있다.
그러나 만약 울타리 바깥쪽의 잔디가 실제로 더 푸르다면, 울타리 안쪽 잔디에 물을 더 주도록 하자. 이 말은 실망스런 마음을 추스르고 삶을 더 낫게 만들 일을 하라는 뜻이다. 상상의 산에 오를 수는 없다. 존재하지 않기 때문이다. 반면 실제의 산은 오를 수 있다. 존재하기 때문이다. 어느 쪽에서 보다 큰 만족감을 얻게 될까?
론 스모더먼은 《깨달음을 통한 승리》에서 이렇게 결론을 내렸다. "만족감은 선택받은 사람들, 기꺼이 만족할 준비가 된 사람들을 위한 것이다. 그런 사람은 그다지 흔치 않다." 당신도 삶에 만족하는 선택받은 사람이 되고 싶은가? 그렇다면 당신 쪽의 초록빛 잔디-다시 말해 평안하고 만족스러우며 행복한 삶-가 성실함과 행동의 결과라는 사실을 깨달아야 한다.
현재를 보다 활력 있고 창의적으로 살아야만 미래를 바꿀 수 있다는 사실을 아는 사람은 많지 않다. 행복하고 성공한 사람들은 기적이 일어나 내일을 가치 있는 삶으로 바꿀 것이라는 헛된 기대를 품지 않는다. 단지

오늘 하는 일로 가치 있는 삶을 만들고자 한다.

불교에서는 "사람은 생각하는 대로 된다."라고 가르친다. 그러므로 언제나 당신과 당신의 삶을 중요하게 생각하고 행동해야 한다. 그와 동시에 어떤 일을 할 때 어쩔 수 없이 하는 것이 있어서는 안 된다. 하고 싶어서 해야 한다. 그럴 때 당신이 얻게 될 결과의 차이는 엄청날 것이다.

안락함을 얻으려고 전력을 다하는 것은 어리석은 일이다. 안락함은 양날의 검과 같다. 약간의 안락함은 건강과 행복을 가져다주지만 지나치면 두 가지 모두를 파괴해 버린다. 그러니 모험과 불편이 따르는 도전적인 활동과 창의적이고, 생산적인 생활을 사랑하라.

목표는 단순히 자신을 편안하게 하는 것이 아닌 그보다 훨씬 높은 것이어야 한다. 목적이 있는 삶은 편안하지 않다. 진정한 성공을 추구하는 것에는 기쁨과 슬픔, 따분함과 짜릿함, 성취와 실패 등 삶의 모든 면이 들어 있다. 이것은 결국 당신의 잔디를 푸르게 해 줄 것이다.

우리는 자신보다 재능이 못한 누군가가 놀라운 성공을 거두었을 때 종종 '운'이라는 단어를 붙인다. 성공이 행운의 결과라고 믿는다면 당신이 가는 길에는 숱한 불운이 나타날 것이다. 그러나 성공이 훌륭한 성품과 창의적인 활동의 결과라는 것을 받아들인다면 당신은 숱한 행운, 다시 말해 숱한 푸른 잔디를 갖게 될 것이다.

삶의 모든 것이 수월해야 한다는 관념을 버리자. 처음 시도에 성공했다면 다시는 그런 일이 일어나지 않을 것이다. 게다가 한 번에 성취했다면 사방팔방 자랑할 가치가 있는 것은 아닐 것이다.

세상 모든 것은 최상의 쓰임새에 놓였을 때 최상의 효과가 나타나게 되어 있다. 이것은 사람과 사물 모두에 해당된다. 자신의 성품과 가치와 조화를 이루는 목표를 세우자. 조화를 이루지 못한다면 오랫동안 행복이

나 만족과는 거리가 먼 삶을 살게 될 것이다.

무언가를 꿈꾸고 있다면 오늘 당장 시작하자. 마크 트웨인은 "지금으로부터 20년 후 당신은 자신이 한 일보다 하지 않은 일 때문에 훨씬 실망하게 될 것이다. 그러니 닻을 풀고 안전한 항구에서 떠나 항해를 시작하라. 돛에 불어오는 바람을 맞으라. 탐험하라. 꿈꾸라. 발견하라."라고 경고했다.

50
명성과 부가 가져다주는 건 생각보다 적다

어쩌면 당신은 워런 버핏이나 빌 게이츠를 가난뱅이처럼 보이게 할 만큼 어마어마한 돈을 바랄지도 모른다. 또는 퓰리처상이나 노벨상, 오스카상, 토니상, 주노상, 혹은 에미상을 노리고 있을지도 모른다. 열심히 노력한다면 명성과 부는 틀림없이 당신의 것이 될 수 있다. 그러나 명성과 부를 얻게 되더라도 그것이 가져다줄 수 있는 것은 생각보다 적게 마련이다.

물질 중심적이고 대중적 인기에 연연하는 현대 사회에서 우리는 유명하고 부유한 사람이 곧 행복하고 성공을 거둔 사람이라고 믿기 쉽다. 그러나 명성과 부는 그 자체로는 좋은 것일 뿐 평안하고 만족스러우며 행복한 삶을 사는 데 필수적인 요소는 아니다. 돈과 권력, 특권에서 삶의 크나큰 기쁨을 얻는 사람이 얼마나 될까? 말하건대 극히 드물다.

명성과 부에 뒤따르는 어두운 면들은 굳이 일일이 말할 필요도 없다. 프레드 앨런은 말했다. "유명인사는 널리 알려지려고 평생 동안 열심히 일하지만, 일단 알려진 후에는 남들 눈에 띄지 않으려고 시커먼 선글라스를 끼고 다니게 된다." 명성과 부라는 주제에 대해 나보다 훨씬 더 통찰력을 보여 주는 인물인 파블로 피카소의 말에도 귀를 기울여 볼 만하다. "젊고 성공을 거두지 못했을 때에는 주위에 고작 몇 명의 친구밖에 없다. 훗날 부유해지고 유명해진다 해도 여전히 몇 명뿐이다. 그것도 운이 좋을 때에만."

명성과 부의 또 다른 어두운 측면은 그것이 기대만큼의 보답을 가져다주지 않는다는 것을 깨닫게 한다는 점이다. 부유해지고 유명해지기 위해 온 삶을 바치기 전에 마이클 프리처드의 중요한 메시지를 곰곰이 곱씹어 보자. "아무리 부유해져도, 아무리 유명하고 권력이 커져도, 당신이 세상을 떠났을 때 장례식 규모는 날씨에 달려 있을 뿐이다." 여기에 나는 당신의 장례식에 얼마나 많은 사람이 나타나는지는 식사가 제공되는지 여부에 달려 있다고 덧붙이고 싶다.

무엇을 하면서 사는지 혹은 당신이 하는 일에서 얼마나 큰 명성과 부를 얻을지는 그다지 중요하지 않다. 정작 중요한 것은 대부분의 시간에서 행복과 건강, 사랑을 느낄 수 있는지이다. 이런 것 말고 무엇이 삶을 대신할 수 있겠는가. 행복은 최종 목적지가 아니라 여정, 다시 말해 성실히 일하고, 건강을 유지하고, 자신의 의무를 다하고, 목표를 추구하고, 세상을 사랑하고, 감사하다고 말하고, 다른 사람 역시도 행복하고 충만한 삶을 살도록 돕는 과정의 부산물이다.

세상의 위대한 사람들을 살펴보자. 마더 데레사, 달라이 라마, 마하트마 간디를 생각해 보자! 이들은 가진 것이 거의 없이 살았어도 평생 행복과 기쁨, 충만감을 경험했다. 그렇다고 이들이 행복이나 기쁨, 충만감을 삶의 목표로 추구한 것은 아니었다. 그들이 행복과 기쁨, 충만감을 느낀 것은 인류의 보편적 선이라는 숭고한 목적을 따른 결과였다.

세상의 위대한 사람들처럼 살면 천국과 다르지 않게 하루하루를 살 수 있다. 선승들은 우리에게 천국을 기다릴 필요가 없다고 말한다. 다시 말하면 이곳이 곧 천국이라는 뜻이다! 오늘, 이것이 당신이 얻을 수 있는

전부이다. 받아들일 것인가, 아니면 그냥 떠날 것인가? 물론 떠날 수는 없으니 이를 최대한 이용하자. 그래서 마침내 정말로 천국에 갈 때가 되면, 천국에서 역시 스스로를 즐길 만반의 준비가 된 자신을 발견하게 될 것이다.

당신의 남은 삶은 바로 지금 시작된다. 이전보다 한층 나은 삶일 것이다. 될 수 있는 대로 삶의 모든 것을 즐기자. 안 그러면 실수를 저지를 것이다. 경이로운 삶을 만들자. 삶은 당신을 둘러싼 모든 것이다. 온 감각을 동원해 충분히 만끽하자. 듣고, 보고, 맛보고, 냄새 맡고, 느끼자!

무엇보다도 당신이 원하는 성공을 얻기 위해 시간을 투자하자. 그러면서 평안하고 만족스러우며 행복한 삶을 살자. 당신에게 무엇이 성공이든 그곳을 향한 당신의 여정은 목적 자체보다 더 나은 것이어야 한다. 자신에게 옳은 일을 한다면 틀림없이 그럴 수 있을 것이다. 당신이 얼마나 큰 명성과 부를 얻는지와는 무관하다.

51
살아 있을 때 행복하자, 죽어 있을 시간은 아주 길다

지금으로부터 몇 해 뒤에 삶을 되돌아보면 내가 하지 않은 어떤 일을 후회하게 될까? 직장에서 더 오래, 더 열심히 일하지 않았다고 후회할까? 텔레비전을 좀 더 오래 보지 않았다고 후회할까?

부르고 싶었지만 부르지 못한 노래를 남긴 채 세상을 떠나고 싶지는 않으리라. 그렇다면 오늘 당장 그 노래를 부르기 시작하면 어떨까? 대부분의 사람들은 하지 못한 일들을 후회하며 무덤 속으로 들어간다. 그런 부류에 끼는 제일 쉬운 방법은 자신만의 노래를 부르는 대신 사회가 원하는 합창에 참가하는 것이다.

어떤 것들은 중요하고 어떤 것들은 그렇지 않다. 그 차이를 구별할 수 있어야 한다. 만약 당신의 삶이 스트레스와 고통스러운 감정을 보여 주는 연구 사례가 될 법한 정도라면 "내가 좋은 시간을 보내지 못할지는 모르지만 아주 오랜 시간을 보내고는 있잖아!" 하고 고래고래 소리쳐 봐야 아무 소용없다. 스스로를 즐기지 못한다면 오래 사는 것이 무슨 쓸모가 있겠는가.

헨리 데이비드 소로는 "마침내 죽음을 맞이했을 때 내가 헛된 삶을 살았구나 하고 깨닫지 않도록."이라고 경고한 적 있다. 살아가면서 하지 않은 것을 후회하면서 시간을 낭비하는 대신, 지금 시간을 들여 그중 몇

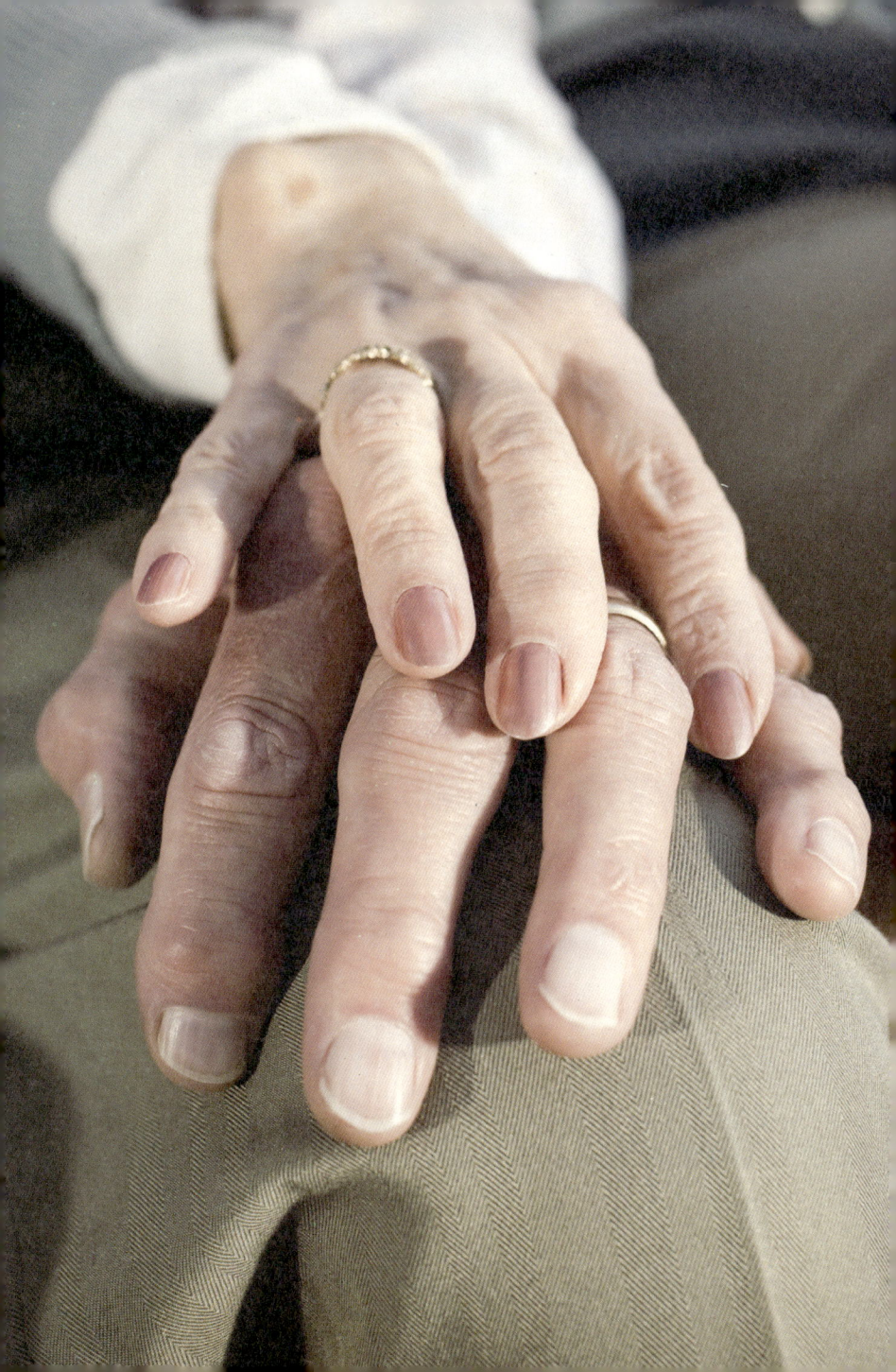

가지를 해 보자. 65세가 넘으면 대개의 사람들은 후회로 삶을 돌본다. 그때 삶의 우선순위를 다르게 두었으면 어땠을까, 사소한 일에 그렇게 얽매이지 않았다면, 하고 싶었던 일들을 하는 데 좀 더 많은 시간을 보냈으면 어땠을까…….

최근 한 조사에서 60대 이상을 대상으로 '다시 한 번 삶을 산다면 스스로에게 어떤 충고를 하겠는가.'를 물은 적이 있었다. 그 조사 결과로 나온 여섯 가지 항목을 살펴보자. 첫째, 살아가면서 자신이 진정으로 원하는 것이 무엇인지 찾을 시간을 가질 것. 둘째, 좀 더 모험을 할 것. 셋째, 긴장을 풀고, 삶을 지나치게 심각하게 받아들이지 말 것. 넷째, 피터 팬 신드롬이라 하더라도 나쁠 것 없으니 언제든 젊은 날을 되살릴 것! 다섯째, 좀 더 인내심을 지닐 것. 여섯째, 현재를 보다 충실히 살아갈 것.

다행스러운 것은, 삶의 방향을 바꾸고 마땅히 되었어야 할 모습이 되도록 하는 데 너무 늦은 때는—너무 이른 때 또한—결코 없다는 것이다. 물론 서른 살에 변화를 거부하는 사람들은 45세가 되면 더욱 변화를 거부하게 된다. 이런 사람이 되어서는 안 된다. 지금껏 해 온 것만을 계속해서 고집한다면 평생토록 그렇게 살 수밖에 없다.

후회없는 삶을 산 사람들 중에는 45세쯤 일찍 죽는 사람들도 있겠지만, 그들은 90세, 100세까지 사는 사람보다 45년 동안 한층 많은 행복을 경험했을 수 있다. 살아 있는 모든 순간 순간을 최고가 되도록 만들었기 때문이다. 그런 관점에서 스코틀랜드의 속담은 적절한 충고를 해 준다. "살아 있는 동안 행복하기를. 죽어 있을 시간은 아주 기니까."

자유는 사람들의 행복에 상당한 역할을 한다. 그러나 자유란 남들이 다 하고 있는 것을 하는 능력이 아니다. 정반대로 자유는 사회 구성원 대다수가 하기 두려워하는 것을 하는 능력이다. 오로지 창의적이고 남들과 다를 때에만―심지어는 상당한 별종일 때에만―당신은 자유로울 수 있다.

죽음의 침상에서 "신이시여, 한 번 더 기회를 주신다면 젖먹는 힘까지 다해 제대로 살겠습니다." 하고 애원하며 생을 마감하고 싶은가? "정신 차리고 제대로 살자!" 단순히 먹고 사는 것만이 아닌 멋진 삶을 살자는 것이다. 가만히 앉아 늘상 텔레비전이나 보는 것 같은 삶이 아니라, 만족스럽고 균형 잡힌 삶을 살자는 것이다.

가족이나 친구들, 여가를 위해 많은 시간을 보내자. 또 그보다 먼저 자기 자신을 위해 시간을 내는 것을 잊지 말자. 삶의 소소한 기쁨을 최우선 과제로 만들자. 현명한 사람들은 단순한 기쁨―자연, 건강, 음악, 우정 등―이 가장 큰 행복을 준다는 것을 알고 있다.

날마다 자신이 흠뻑 빠질 수 있는 소소한 즐거움들을 갖자. 아무리 바쁘더라도 놓치지 말자. 그것은 당신의 안녕에 기적을 일으킬 것이다. 값비싼 소유물을 잔뜩 갖는 것보다 당신의 행복에 더욱 큰 역할을 해 줄 것이다.

가진 것이 보잘것없어도 얼마든지 충만한 삶을 살 수 있다는 점을 절대 잊지 말자. 그리스 인들에게는 "가난할 때라면 좋은 시간을 보내는 일이

더욱 필요하다"라는 말이 있다. 그러니 적어도 일주일에 한 번은 친구들과 함께 좋은 와인이나 샴페인을 마시는 기회를 갖자. 무언가 축하할 일이 있을 때뿐만 아니라 그렇지 않을 때 그렇게 하는 것이 더 중요하다! 자유와 행복은 우리가 생각하는 것보다 훨씬 얻기 쉽다. 아이들에게서 교훈을 얻고, 미래를 두고 안달복달하지 말기를. 과거를 후회하지 말고 오로지 현재를 살아가기를. 지금 누리는 행복이 당신이 경험할 수 있는 유일한 행복이다. 즐거웠던 과거를 떠올리고 수없이 많이 흥미로운 일이 일어나기를 기대하기를. 무엇보다도 오늘을 살아야 한다는 점을 잊지 말기를.

웃지 않고, 놀지 않고, 축하하지 않은 하루는 낭비된 날이라는 사실을 머릿속에 새겨야 한다. 중국의 속담에는 이런 말이 있다. "마음속에 푸른 나무를 간직하면 새가 날아와 노래를 부를 것이다." 태어날 때 당신에게는 세 가지 특별한 재능이 주어졌다. 삶, 사랑, 그리고 웃음. 그 재능을 가지고 세상과 공유하는 법을 배우자. 그러면 세상도 기꺼이 당신과 함께 어울릴 테니까.

내면의 광기와 계속 만나는 것이 좋다. 때로 우리는 남들의 시선 때문에 자신을 놀림감으로 만들고 싶지 않아 정신적으로 안정되었다는 평판을 얻곤 한다. 열정 넘치는 삶을 사는 것이 더 나을까, 사람들이 당신에 대해 어떻게 생각하는 지 눈치 보는 게 더 나을까? 진정으로 활력 있는 삶을 살고 싶다면 남들의 시선 따위는 잊어버리자.

이웃이 하는 말, 행동, 생각에 언제나 의문을 가져야 한다. 대다수의 사람들이 하는 행동을 자기 삶의 선례로 삼는 것은 현명하지 못하다. 그렇게 하다 보면 숱하게 실망하거나 환상이 깨져 괴로움을 느낀다. 대다수가 좇는 것은 그 어느 누구의 삶에도 행복과 만족, 자유를 가져다주지 못

할 확률이 높다.

사회가 내세우는 삶의 방식을 거부하자. 그 보다 당신이 해야 하는 임무는 바로 당신 자신이 되는 것이다. 당신이 진짜 누군지를 드러낼 수 있는 생활 방식을 만들어 내는 게 중요하다. 누구에게나 적용되는 올바르게 사는 방식이란 없다. 다만 당신의 방식이 있을 뿐이다.

여행의 속도를 선택하기 전에 먼저 방향을 확실히 정해야 한다. 현대 사회에서 대부분의 사람들은 갈 가치도 없는 곳에 빨리 도착하려고 안간힘을 쓴다. 삶에서 속도는 방향만큼 중요한 것이 못 된다. 사실 방향이 없다면 속도는 아예 필요없다.

자유란 남들이 꼭 가져야 한다고 여기는 이런저런 것들에 집착하지 않는다는 뜻이다. 선승들은 집착 때문에 우리가 구속을 받는다고 가르친다. 자동차, 집, 돈, 자아, 정체성……. 이런 것들에 대한 집착을 내려놓으면 당신은 자유로워질 것이다.

영원토록 행복한 삶으로 데려다 주는 편도 티켓이나 일곱 가지 비밀 따위에 관한 생각은 버리도록. 충만하고 가치 있는 깨달음이 있는, 삶의 비밀이란 실제로는 비밀이 아니다. 이 원칙들은 오랜 세월 동안 전해 내려왔지만 지금까지도 대다수의 사람들은 이를 무시한 채 터무니없는 것을 따르고 있다. 불교의 가르침에 귀를 기울여보자. "결국 중요한 것은 이런 것들이다. 얼마나 사랑했는가? 얼마나 충만하게 살았는가? 얼마나 집착에서 벗어나는 법을 배웠는가?"

어떤 친구가 오늘이나 내일 당신과 시간을 보내겠다고 하면 언제나 오늘을 선택하자. 친구들과 살고 사랑하고 웃을 이상적인 시간은 언제나 오늘이다. 오늘 친구들과 시간을 보내는 것은 바로 지금—세상을 떠난 뒤가 아닌 살아가고 있는 동안에—바로 이곳에서 삶을 살겠다는 당신의 의지를 강력하게 보이는 셈이다!

현재의 행복을 이루고 있는 가장 중요한 자원이 무엇인지를 가려내야 한다. 돈을 잃는다면 조금 잃는 것이다. 시간을 잃는다면 훨씬 많은 것을 잃는 것이다. 건강을 잃는다면 실질적으로 모든 것이 사라진 것이다. 그리고 창의적인 영혼을 잃었다면 남은 것은 아무것도 없다.

삶은 여러 측면에서 하나의 게임이다. 그 게임을 바로 이곳에서,

지금 하는 것이 중요하다. 할 만한 가치가 있는, 당신이 진정으로 즐길 수 있는 분야를 찾자. 게임의 점수가 그리 좋지는 않더라도 웃고 즐기자. 당신은 삶이라는 게임을 맘껏 즐겨야 하며, 그 게임에 능숙해지면 당신의 세상을 기적과도 같이 바꾸어 놓을 수 있다. 영원히! 어쨌든 그것이 당신이 이 게임을 하는 이유가 아닐까.

홍연미

서울대학교에서 영어 영문학을 공부하고, 오랫동안 출간 기획 및 편집을 했다.
지금은 프리랜서 번역가로 활동하고 있다. 옮긴 책으로는 《드라큘라》,
《앤서니 브라운 나의 상상 미술관》, 《나보코프 블루스》, 《우리가 잊고 사는 50가지》 등이 있다.

한 걸음, 쉬어가는 길

1판 1쇄 인쇄 2013년 2월 25일 **1판 1쇄 발행** 2013년 3월 5일
지은이 E. 젤린스키 **옮긴이** 홍연미
발행처 청아출판사 **발행인** 이상용
출판등록 1979년 11월 13일 제 9-84호
주소 경기도 파주시 문발동 출판문화정보산업단지 507-7
전화 031-955-6031 **팩스** 031-955-6036
홈페이지 www.chungabook.co.kr
이메일 chunga@chungabook.co.kr
ISBN 978-89-368-1041-2   03840

값은 표지에 있습니다. 잘못된 책은 바꿔 드립니다.